亚洲桨板运动联盟系列丛书

图解桨板运动指南

王 剑 著

UNITY PRESS 团结出版社

U0735252

图书在版编目（CIP）数据

图解桨板运动指南 / 王剑著. -- 北京 ：团结出版社，2018.1
ISBN 978-7-5126-5825-7

Ⅰ．①图… Ⅱ．①王… Ⅲ．①水上运动－图解 Ⅳ.①G861.9-64

中国版本图书馆CIP数据核字(2017)第293016号

出版：团结出版社
　　　　（北京市东城区皇城根南街84号　邮编：100006）
电话：（010）　65228880　65244790（传真）
网址：www.tjpress.com
电邮：zb65244790@vip.163.com
经销：全国新华书店
印刷：北京联合互通彩色印刷有限公司
开本：210mm×285mm　　　　　1/16
印张：9
字数：110千字
版次：2017年12月　第1版
印次：2017年12月　第1次印刷
书号：ISBN 978-7-5126-5825-7
定价：78.00元

序　言

凭借奥林匹克精神的传承，人类在体育世界里追求更快更高更强的探索从未止步，但水上运动领域却鲜有新型和大众操作性较强的运动项目出现。

直到大约15年前出现了桨板运动，尤其是充气折叠桨板的发明，使人类轻松行走江河湖海的梦想变成了现实。桨板运动以脚踩浮板，手持单桨，直立划行于水面为主流运动特征，一般人5至10分钟即可掌握基本划行技能。它对人体具有全面的锻炼功效，已经成为大众休闲、娱乐、旅游、旅行、探险等户外活动的首选项目。

桨板运动虽然起步较晚，但发展势头强劲。据美国户外基金会的年度报告称，欧美桨板运动年均增速持续多年超过230%。美国首次参加户外活动的人群当中，70%都首选桨板，五花八门的桨板赛事遍布全球。中国桨板运动市场规模预计至少是大众滑雪市场的10倍，约1200亿人民币以上。桨板运动的意义不仅仅局限于水面运动本身，它已经成为人类探索未知世界的最佳途径之一。它所具备的绿色环保特性使人们与自然和谐互动关系上升到了一个新层次。结合地理位置应用和情感分享的互联网模式使桨板运动成为新型社交媒介，拥有丰富的市场想象力和巨大的发展潜力。

桨板运动老少咸宜，不但能全面丰富大众户外生活，更能唤醒人们爱护江河湖海的绿色环保意识，许多桨板爱好者常常自发组织公益活动，清洁都市水道水面。中国南方也已有城市开始尝试在内河上举办桨板赛事。这是政府、企业、民众携手合作，在认知与行动上促进宜居城市的建设、打造城市绿色名片、充分保护与合理利用水资源的重要举措。

桨板运动的发展和普及需要科学规范的培训和宣传体系，需要通俗易懂的读物和便携耐用的器材。毕业于清华大学的北京水蜢运动发展有限公司创始人王剑先生敏锐地察觉到这项运动的发展潜力，凭借其在工程与艺术领域多年的跨界经验和对水上运动项目的挚爱，于2015年推出拥有多项实用新型及外观专利申请的水蜢桨板全系列产品，并基于大量桨板教学、旅行、探险及参赛经验和发展较为完善的桨板运动培训体系、赛事规程，经过三年来悉心研究和实践形成此书。全书共有八章，第一章桨板运动起源，第二章桨板运动大潮，第三章桨板运动器材，第四章桨板运动安全，第五章桨板运动技巧，第六章桨板运动场景，第七章桨板水上瑜伽，第八章亚洲桨板运动联盟赛事规程。

  本书言简意赅，通俗易懂，能够对大众迅速了解桨板运动要素，快速展开实践提供较大帮助，是一本大众普及读物。本书也给桨板运动和赛事组织者提供了详尽的行为规范和活动规则，使桨板运动既能承担休闲娱乐健身等轻松角色，也能担纲科学规范的赛事和培训活动。

  本书图文并茂，全部插图均为著者精美原创电脑手绘，在中国体育运动书籍中非常罕见，实属难得之作，将对中国大众桨板运动的普及和发展起到积极作用。

徐菊生

武汉体育学院水上运动学院院长

中国皮划艇协会教练员委员会主任

国际龙舟联合会体育推广委员会主任

2017年11月19日

目 录

目　录

第一章　桨板运动起源

　　桨板一词来源于英文Stand Up Paddle，英文缩写为SUP,站立划桨的意思。　在中国台湾和香港地区有立桨、直立板等译法，但在中国大陆都不如桨板一词流行。本指南正式采用桨板一词，便于大众沟通与媒介传播。

图1-1：桨板运动常见装扮

　　桨板运动的装备非常简约，一个人、一块板、一枝桨就能笑傲江湖（图1-1）。

图1-2：划泡沫板

　　从广义上说，只要有能载人的漂浮物（图1-2），配上一个能划水的工具，甚至是手，都可以被称之为桨板，是吧？！

图1-3：划车轮内胎

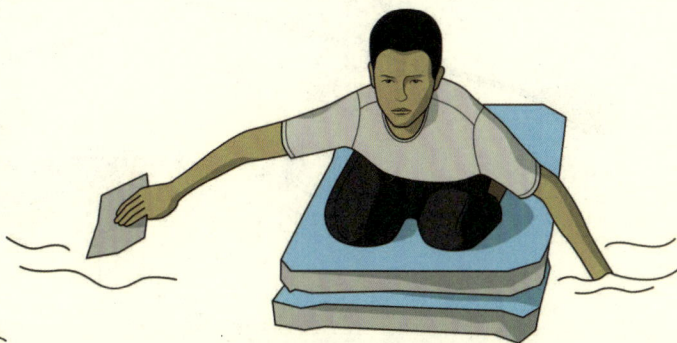

图1-4：用手划行

　　不过景区里常见的那些横七竖八的竹排（图1-5）切莫厚着脸皮钻进桨板鼻祖行列里来哈！为啥不行？因为竹排是用竹篙撑到水底来移动，水深超过竹篙就无法奏效；而桨板运动用的是有桨叶的单桨，它的划行与水深水浅无关，用单桨可以在任何深浅的水域划行！这是桨板与竹排的天壤之别，更是桨板运动全水域特性的魅力所在！

图1-5：撑篙的竹排与桨板无关

那划桨板是什么样子呢？你可以跪（图1-6）、坐（图1-7）、趴（图1-8），不限姿势。

图1-6：跪姿

但最有效、最拉风的姿势当属站姿（图1-9），单桨划水，就像一名玉树临风的潇洒骑士，抖擞缰绳，策马飞驰！

图1-7：坐姿

趴姿划行也称趴板，有专用板，板体较窄以适应挥臂动作。

图1-8：趴姿桨板划行

图1-9：站姿是桨板运动的主流姿势

趴姿划行源于冲浪运动中的找浪过程，桨板运动出现后，仍旧有一些人不愿放弃这一姿态，常见于个别与冲浪历史渊源较久的民间机构举办的赛事，新兴的桨板运动机构鲜有这类活动。

关于桨板运动的起源，众说纷纭。咱真没必要像对待高山滑雪和足球那样，把历史垃圾翻腾得乌烟瘴气，非说它们源自新疆的阿勒泰（图1-10）和宋代高俅先生（图1-11），最终贻笑大方。

图1-10：阿勒泰地区的滑雪

图1-11：中国古代蹴鞠

目前大家能看到的稍近一些的桨板起源说大致分三个阶段，分别来自于远古南美智利、中世纪后的意大利和近代夏威夷。很多人认为古代渔夫奠定了桨板运动的基础。

很久以前，世界各地的渔夫们就已经站在各式各样的小船上了。秘鲁的昌昌古城曾是南美最大的城市，它周边的海岸拥有大量用巨型芦苇捆扎而成的小船，被称作小草马（图1-12），渔夫们经常站立着驾驭小草马，平日捕鱼，闲时嬉戏。

图1-12：古代智利昌昌城的小草马船

17世纪的意大利威尼斯几乎全部建造在海面上。威尼斯人大规模站姿划贡多拉是一种常态（图1-13），最辉煌的时候约有8000到10000只贡多拉穿梭全城，如今仅剩下400只左右用于水城的日常服务，为游客和婚礼聚会的人们传递这座古城的辉煌和神秘。

图1-13：威尼斯贡多拉

　　夏威夷人认为陆地、海洋和人类都来自同一祖先，无论男女老少都喜欢和海浪嬉戏。他们在水面运动中一直非常活跃。大家都相信第一位站立冲浪者是夏威夷人，他们可能已经有几个世纪站立划桨冲浪的历史，但最早的证据来自杜克·卡纳莫库 / Duke Kahanamoku 先生（图1-14）的照片，他是非常著名的沙滩王子，曾使用划悬臂独木舟的单桨，采用站姿划动他那笨重的冲浪板。

图1-14: 夏威夷沙滩王子杜克·卡纳莫库

　　另两位对现代桨板运动有杰出贡献的人物是约翰·扎波科斯/John Zapotocky（图1-15）和约翰·鲍斯·安·乔伊/John POPs Ah Choy。

图1-15: 传奇人物扎波斯科

约翰·扎波科斯出生于1918年，1940年从美国本土移居到夏威夷。他直到91岁高龄时还能划桨板冲浪！是一位著名的传奇人物。

约翰·鲍斯·安·乔伊1920年出生于夏威夷的大岛，拥有众多与近代桨板相关的发明，例如安全脚绳、吸盘座椅等等(图1-16)。

图1-16: 多才多艺的乔伊

了解过桨板运动的发展简史后，我们来看看现代桨板运动已经发展到了什么程度？

第二章　桨板运动大潮

　　现代桨板运动的发展可以用风起云涌、如日中天来形容。为什么它如此火爆？我们先做一些横向和纵向观察，这样会有助于理解桨板凭什么成为了当代时尚运动的潮头先锋。

2.1　桨板运动引发运动革命

　　人类的运动项目很多，陆海空样样都有，陆地上花样最多：
徒步（图2-1）、跑步（图2-2）、登山（图2-3）、骑行（图2-4）、扁带（图2-5）、
攀冰（图2-6）、轮滑（图2-7）、抱石（图2-8）、攀岩（图2-9）、滑板（图2-10）、
蹦极（图2-11）、跑酷（图2-12）、射击（图2-13）、滑雪（图2-14）等等，不一而足。

图2-1：徒步

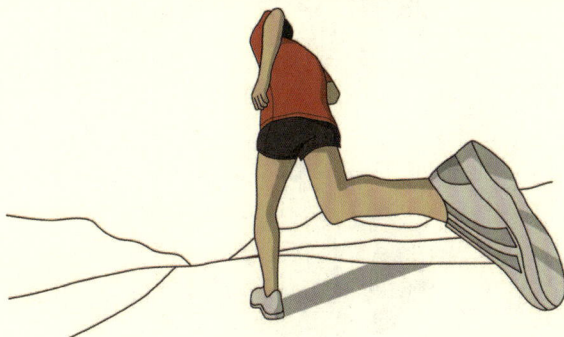

图2-2：登山

图2-3：登山

图2-4：骑行

图2-5：扁带

图2-6：攀冰

图2-7：轮滑

图2-8：抱石

图2-9：攀岩

图2-10：滑板

图2-11：蹦极 图2-12：跑酷

图2-13：射击 图2-14：滑雪

空中运动在中国由于历史和现实因素，一直几乎为空白，我们在这里按下不表。

那么水面运动如何？帆船（图2-15）、帆板（图2-16）、摩托艇（图2-17）、风筝冲浪（图2-18）、皮划艇（图2-19）、赛艇（图2-20）、白水花式（图2-21）、大河漂流（图2-22）、冲浪（图2-23）有很多人参与吗？按参与人群比例看，国外也许相对会多一些，但也基本属于小众运动。

图2-15：帆船

图2-16：帆板

图2-17：摩托艇

图2-18：风筝冲浪

图2-19：皮划艇

图2-20：赛艇

图2-21：白水花式

图2-22：大河漂流

　　究其原因，这些项目共同的致命缺陷就是器材较重、携带不便。很多项目还受场地、气候和身体素质等众多因素的限制而无法普及。但桨板运动的出现，彻底打破了水面运动发展的瓶颈（图2-24）。

图2-23：冲浪

图2-24：简约的现代桨板运动

　　桨板运动彻底消除了人们几千年来行走水面的所遇到的困难和实施的复杂性。人们现在可以凭借一块板、一枝桨，随时随地拥抱江河湖海！当然，事情刚开始并没那么美好。从长冲浪板发展来的桨板最初依然是用硬质材料制成，重量高达50-80公斤！最要命的是面对这个3-5米长的大家伙，携带和存放都是件令人头痛的事，即使有了单桨来配合它划行，桨板运动依然被局限在海滩和大浪区域，无法勾起人类更多的想象力。

直到十多年前出现了一种被称之为拉丝PVC（图2-25）的软性塑料材质，局面才发生了颠覆性的变化！

这种材料在充气后，既能保持与硬板相差无几的刚性，又能确保桨板可以轻松折叠出行（图2-26），重量仅为9-14公斤！人们可以在江河湖海之滨方便地为桨板充气，轻松游弋水面！户外活动的时空瞬间扩展了不知多少倍！以前人们只能望水兴叹，

图2-25：拉丝PVC

现在拔腿就可以踏进从未探索过的水世界，宛若云中漫步般轻松，体验发现新大陆般的愉悦和惊喜！这是一项前所未有的革命性运动。

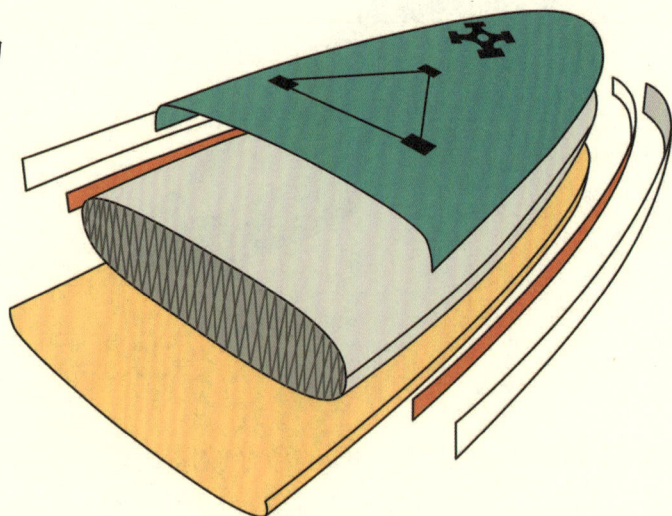

这种没有专业训练的门槛之虞的简约平台，使桨板运动得以惠及千千万万普罗大众。

人们来到海滨，不再仅仅充当奢华帆船大赛的看客；人们驻足河边不再仅仅是专业赛艇比赛的观众；人们游览壮美的挪威峡湾，不再仅仅乘坐邮轮而是亲自挥桨，欣赏两岸陡峭山崖，驶向海口，其间的乐趣与挑战，非亲临而不可言表！

图2-26：采用拉丝PVC为核心材料的充气桨板极为便携

2.2 桨板适合人群

由于显而易见的缘故,桨板适合任何人群,男女老少咸宜!充气后的成人桨板排水量通常都在120-300公斤(图2-28),实际上是个浮力巨大的救生圈(图2-27),只不过形状不是圆的。所以,若论水面安全性,桨板器材本身就是一个巨大的安全保障,这恐怕也是其它任何水面运动器材望尘莫及之处。

图2-27:普通救生圈浮力远不及桨板   图2-28:充气桨板浮力很大

2.3 桨板开展场所

在哪里可以划桨板?我们周围的人常常如此发问:人家让划吗?事实上,你可以在水源地之外的任何水域划行,这取决于你对当地水域的了解和自己的意愿,毫无疑问,由于现代污染,有些水域水质令人担忧,但大多数水域是适合划行运动的。湖泊、水库、江河、海滨,甚至泳池,都是桨板畅游的好地方。

2.4 桨板应用领域

这个问题很宽泛,夸张地说,没有做不到,只有想不到。

桨板是一个水面运动娱乐健身休闲平台,你可以用它来健身(图2-29)、休闲(图2-30)、聚会(图2-31)、亲子(图2-32)、旅行(图2-33)等等,只要你能想到的户外领域,它都有上乘表现的机会。

图2-29：桨板健身

图2-30：桨板休闲

图2-31：桨板聚会

图2-32：桨板亲子

图2-33：桨板旅行

　　便携性是充气折叠桨板的巨大优势（图2-34）， 折叠后的体积通常只有40-60升，可用双肩背包、便携行李车、汽车后备箱、车顶架等携带，轻松走天涯。从本质上看，桨板就是水面运动领域里的智能手机：轻巧、机动、全功能。

图2-34：折叠充气桨板就像人类的一双翅膀

第三章 桨板运动器材

我们来看看桨板的分类，了解一下如何选择一款适合自己的桨板。

3.1 桨板材质

从材质上区分的话，基本有两大类桨板，一类是硬质材料制成的桨板，不能折叠，这类器材在一些比赛中或公开水域无后援穿越探险等特殊场合会用到。不便携带和运输是它们的硬伤。这些板暂时不在我们的讨论范畴之内。

另一类当今最为广泛使用的桨板制造材质是聚氯乙烯，英文简称PVC，曾是世界上产量最大的通用塑料，应用非常广泛。它是充气折叠桨板的主要制造材料。

3.2 桨板长度

从长度上分类，基本有以下几类：

12英尺6英寸和14英尺和是业内公认的比赛用板标准长度。 有些比赛规程对板的宽度也有约定，这些规程细节可参考《亚洲桨板运动联盟赛事规程》（图3-1）、（图3-2）。

图3-1：12英尺6英寸桨板

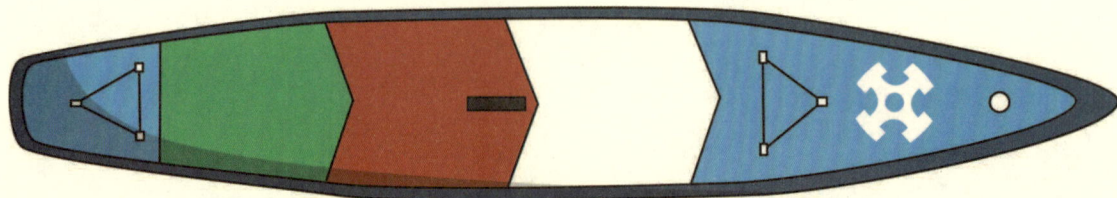

图3-2：14英尺桨板

用于白水冲浪的桨板（图3-3），板身更短较宽，尾鳍也会超过三个，以求激流中的平衡。它们属于小众产品。桨板冲浪大致分河流和海水两类，挑战较大，主力人群基本来自传统冲浪和白水皮划艇爱好者，由于开展条件苛刻，即使从全球视角观察，仍属小众爱好。

图3-3：白水桨板冲浪

少年板也是一个日益发展的种类，它相对较短，比较容易操控，便于少年和家长携带。长度大致分布在7-9英尺范围内，适龄范围在10-16岁左右（图3-4）。

图3-4：少儿板与其身材和体质更匹配

　　有一种号称巨无霸的多人板也比较流行，长度多在17-18英尺左右，排水量1吨以上，可承载6名以上成人，非常适合家庭亲子划行、长途旅行或机构团建的等用途（图3-5）。

图3-5：巨无霸桨板在体育旅游和社交活动中作用巨大

　　2017年市面上出现一种长达22英尺的四人竞速板，这是团队竞赛专用板，是一个比较有前景的桨板类别，极其适合团队赛事（图3-6）。

图3-6：四人竞速桨板为传统龙舟赛带来新挑战

3.3 完整桨板器材

3.3.1 板

　　首先是板，超过11英尺6英寸的板通常会采用单尾鳍，长度为11英尺6英寸以下的板通常有三个尾鳍，呈三角形部署（图3-7）。尾鳍的主要作用是保持板在划行中的直线性能。

　　为什么有的板底有三个或更多的尾鳍，有的只有一个尾鳍？ 板身较短的板， 通常板体较宽（30英寸以上），需要三个尾鳍，以便较好地保持桨板的直线性能。其中外侧两个一般是固定的小尾鳍，中间的大尾鳍是可拆卸式的。

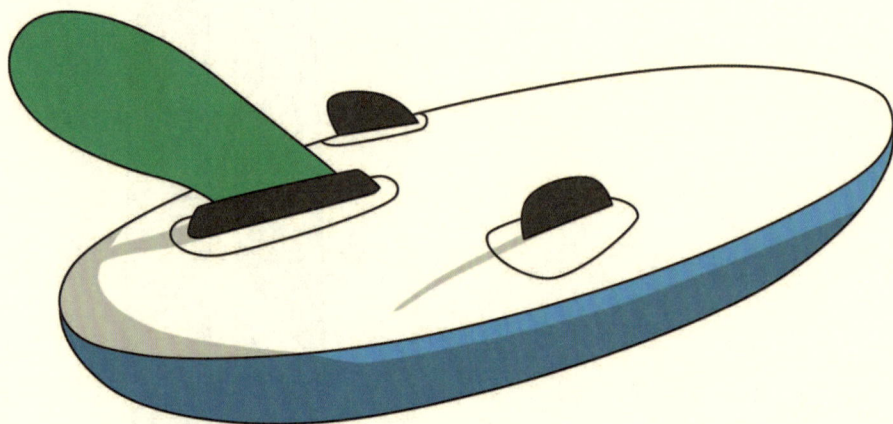

图3-7: 较短的桨板尾鳍数较多，有利于直线性能

　　板长达到12英尺的板通常板体较窄（30英寸以下），相对较长，只需要一个尾鳍就能基本保持较好的板体直线行驶特性（图3-8）。

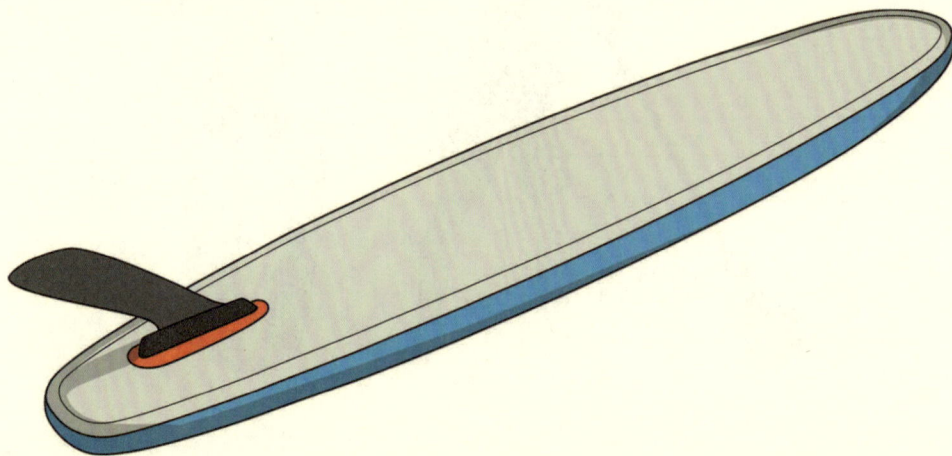

图3-8: 12英尺以上的板大多单采用尾鳍就能有较好的直线性能

3.3.2 桨

桨板运动的第二件兵器就是单桨，它是单桨叶的；双头桨主要用于皮划艇。用双头桨划桨板，往好了说是"创新"，往坏了说是无知。

实际上，一把好桨在提升划行效率和体验上至关重要。那什么是好桨？目前的桨板用单桨从构造上看有两类，一种是折叠桨，另一类是不可折叠桨。后者常用于桨板赛事之中。折叠桨的便携性显而易见。

从材质上看，大体有三类，一类是塑料桨叶，铝合金桨杆；第二类是塑料桨叶，玻璃纤维桨杆；最后一类是全碳纤维材质。也有厂家出过塑料桨叶配碳纤维桨杆，不过我们相信这类不伦不类的货色很快就会被市场淘汰。全碳纤维材质的桨无疑是上选，因为桨板是靠桨驱动的，我们可以想象一枝轻而有力的桨会在划行过程中降低多少能耗,尤其是长距离划行中，更是如此。

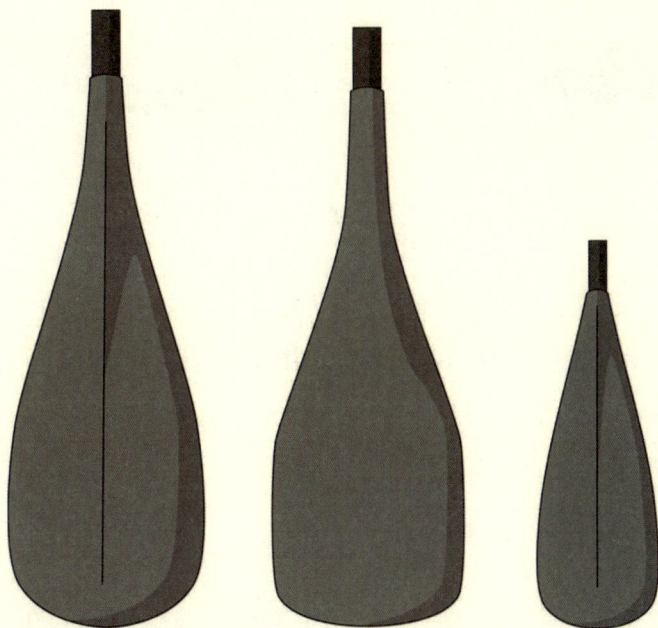

图3-9：桨叶面积并非越大越好

是不是桨叶越大越好（图3-9）？当然不是，和水打交道是一门艺术,一门讲求效率的艺术。桨叶大，水的反作用力也大，单次划桨的力量也需要增强，挥桨频率自然降低，体能消耗快。而大小适中的桨叶能够保持较高的划行效率，自然能提供较好的划行速度。所以在选择单桨时， 需要考虑综合自己的主要用途和划行风格。 目前市面上成人用桨的桨叶面积在110-90平方英寸之间；儿童用桨的桨叶面积大约在70平方英寸左右。

3.3.3 气筒

接下来的器材是手动高压充气筒（图3-10），目前新一代的气筒已经具备抽气功能，在折叠前的自然放气阶段结束后，可将板内未能排净的空气抽出，有利于折叠得更紧凑。虽然很多桨板的标称最大充气气压可以打充到15 psi，但实践中我们会考虑天气和沙滩温度较高等因素，通常充气到12 psi基本够用。psi是压强单位，磅/平方英寸。

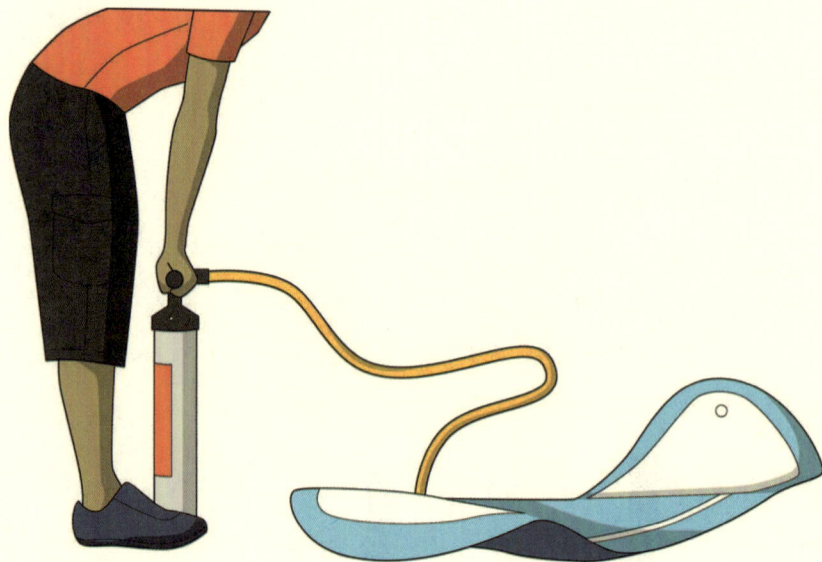

图3-10：新型气筒具有充气和抽气功能

这里请大家注意，很多气筒上都有气压表（图3-11），在打气的初始阶段，很多人看到气压表指针不动，误以为气筒坏了！其实没坏！指针之所以不动是因为刚开始充气，板中气压还不够，待板内空气增多之后，指针就会移动。凭手感判断充气是否终止是不科学的做法，很容易破坏划行者的体验。

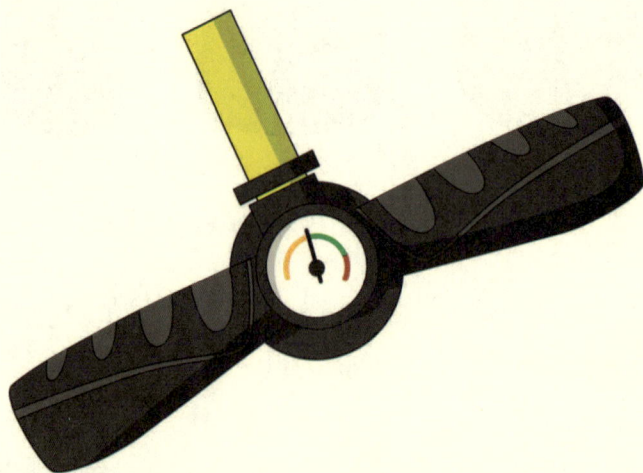

图3-11：气筒气压指针是决定何时终止充气的科学依据

3.3.4 充放气阀

充气阀门中间都有一个自动锁止柱（图3-12），它有顶起和下沉两个状态。充气时，锁止柱应该处于顶起状态，放气前，按下锁止柱顺时针旋转一定角度，再松手，板内的高压空气就会自动排出，稍后即可利用折叠板体方式排气，将板叠好。利用手动气筒或电动气泵的抽气功能能将板内气体会排出得更彻底，更容易折叠桨板。

图3-12：充气阀里的自动锁止柱的位置务必分清

充气阀的位置重要吗？当然重要！市面上绝大多数桨板的充气放气阀的位置被设计在板尾（图3-13），作为一名消费者，当你看见这类产品，就基本可以判断出它们是纯代工、没有自己设计团队的贴牌货。这是因为尾鳍的基座是个较大较硬的塑胶底座，从板头向板尾方向折叠排气，很难控制折叠的幅度正好与基座位置匹配， 排气不充分，致使折叠后的板体不规则，体积大，不容易放进桨板包。

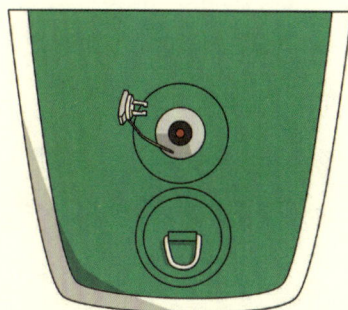

图3-13：气阀在板尾

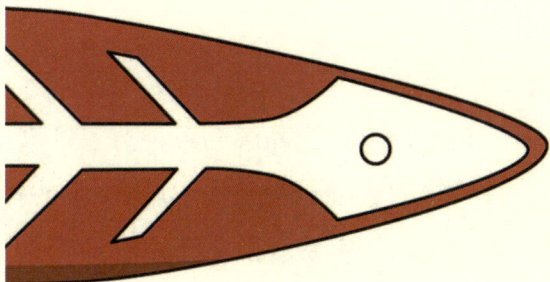

近年的新创品牌已经研究过这个问题，并从设计上给予解决：其充气阀的位置在板艏(图3-14)，这样一来，以尾鳍基座为折叠幅度，从板尾向板艏方向排气折叠，能达到令人满意的折叠体积，顺利放入背包。

图3-14：升级版的气阀都设计在桨板头部

3.3.5 束紧带

大多数厂商都会配备一根束紧带(图3-15)，将折叠好的桨板用带子勒紧，更容易放进背包或转运。

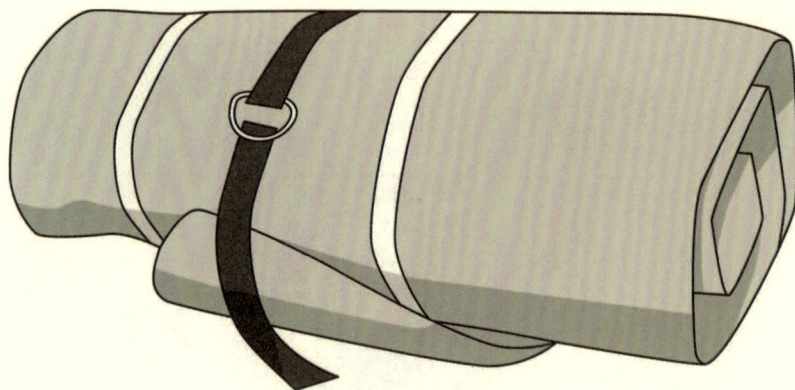

图3-15：束紧带在桨板收叠和转运中的作用很大，请小心保管

3.3.6 可拆卸尾鳍

前文介绍过，板体较宽的板一般会配置三个尾鳍，两个外侧固定小尾鳍和一个大尾鳍，大尾鳍通常采用抽插式，配上固定销子锁止。对于单尾鳍的板体而言，目前较为流行使用一种被称之为US FIN BOX的尾鳍结构，通过垂直于板底的螺丝固定。

3.3.7 携带包具

充气桨板具有机动灵活的优势，是水面运动的革命性的、里程碑式的产品。但便携并不意味着它轻如鸿毛，揣在口袋里就能上路。板体重量由于板体尺寸会有些波动，通常在10-14公斤范围内，重量虽然不大，但全靠手拎着走来走去也不太现实。

市面上不少厂家在推出自己品牌的桨板时，顺便也会推出自己品牌的各种背包，其中带轮的旅行箱似乎成为高大上的配置，但实际上这种带滚轮的旅行包由于体积过大，不能折叠，而蜕变为消费者的负担，不仅仅是价格不菲，更主要的是它为消费者的携带和存储带来不小的麻烦。一些商家配置的双肩背包对于短距离的背负是可以接受的，距离稍微长一些，中国消费者的体质一般都吃不消。

　　我们推荐水蟒品牌的解决方案：板、桶包、便携行李车，三者分离，互不约束，成本低，转运效率高，无论是航空运输还是汽车运输或长距离行走，都非常轻松，三者分离存储，节省大量宝贵空间（图3-16、图3-17、图3-18）。

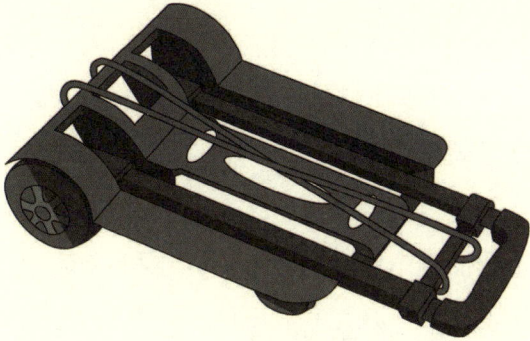

图3-16：桨板便携车折叠状态

图3-17：桨板便携车展开后

图3-18：把桶包放在小车上，走你！

3.3.8　选什么板合适

这取决于你自己的划行风格、常用水域、身体条件等诸多因素。

少年儿童可以使用少儿板（图3-19，8英尺6英寸）。

如果你喜欢速度，那么偏长一些的板会比较合适，例如12英尺6英寸或14英尺的板，它们相对较窄，划起来较快（图3-19，12英尺6英寸或14英尺）。

如果你喜欢和家人一起度假，那板体相对较宽，长度中等，10英尺6英寸和12英尺6英寸以内的板都可以（图3-19，10英尺6英寸-12英尺6英寸）。

如果你是机构，使用桨板主要用于团建娱乐，那巨无霸(图3-19，17英尺)是个好选择。

如果你有组队参赛的需求，那么4人竞速板(图3-19，22英尺)无疑是最佳平台。

图3-19：适合个人与团队划行的各种规格的桨板

第四章　桨板运动安全

　　桨板运动的安全措施？这个话题可不轻松。很多从业者总是把救生衣挂在嘴上，尽量让自己远离可能的人命官司。由于划行者的身体素质、划行环境、气候等因素变动，真实的情况下，桨板运动的安全措施应有不同的侧重和应对方案。

4.1　基本条件

　　首先是划行者自身的身体素质，一个完全不会游泳的人可以划桨板吗？当然可以，不过傍观者肯定是无法想象他在水面上的紧张程度！会尿裤子吗？也许吧！正确的态度是：上岸找个游泳班学会游泳再来划桨板，大家都会放松绷紧的神经，何乐而不为？一只旱鸭子如果落水，即使穿10件救生衣，也难挡心中的恐慌和沮丧！运动乐趣何在？

　　清华大学已经自2017年规定，不会游泳不能领毕业证。国内个别省份已经做到小学不会游泳不准升学。我们期盼中国的旱鸭子越来越少！

4.2　安全是相对的

　　2017年3月南非冲浪选手Chris Bertish（图4-2）历时39天，划行4500海里，独自完成了无后援桨板大西洋横渡（图4-1）。　从我们已经获得的相关影像资料里，我们没看见他穿救生衣。

图4-1：Chris Bertish和他的定制桨板

足球运动身体接触很频繁，但有谁为了安全要戴头盔和盔甲上场？桨板运动也一样，采取什么安全措施应该因地制宜，而不是为了撇清责任，片面夸大安全措施，导致运动者体验感下降，损毁这项运动！

无论大家怎样强调水上运动安全问题，有一个现实情况是无法回避的，那就是冲浪运动。国际上为什么没有人敢斗胆跳出来说，冲浪者必须穿救生衣，不然就禁赛！为了运动员的安全，国际奥委会貌似应该规定冲浪比

图4-2：南非冲浪选手Chris Bertish

赛时，运动员必须穿救生衣，不然出了安全事故怎么得了？谁承担负责？！很显然，这是一个令人尴尬的局面。安全措施采取到什么程度，运动参与者应该有清醒的认识。我们相信，在基于现实的条件下，人们会做出合乎实际情况的选择，不会墨守成规。那些从事桨板商业运作的机构在安全问题上会保守一些，矫枉过正一些，我们予以理解。桨板爱好者在自主的划行过程中，采取什么级别的安全措施，求得快乐与安全之间的平衡，需谨慎斟酌，三思而行。

4.3 安全常识

划桨板时距离岸边的保守安全距离应该在划行者游泳能力范围内，并且佩戴安全脚绳。桨板本身就是一个大救生圈，只不过形状不是圆的。落水后只要能摸到板体，就能爬回板面或等待救助。此外，在公开海域或风力较大的湖泊及流速较高的河流中划行，需要穿戴好个人漂浮器材。

关于救生衣，我们在此有必要做个澄清，所谓救生衣是人们的通俗叫法。

国际上，根据使用领域和浮力大小， 用于水面运动领域的救生衣的英文是PFD（个人漂浮器材），提供的浮力仅为50-100牛顿的浮力，也就是5-10公斤左右的浮力。这意味着穿着这类器材的落水者应该具有一定的自主划水能力，而不是指望PFD将自己完全托出水面。

实现100% 浮托作用的器材的英文是LIFE JACKET，它对应的中文才是"救生衣"。一般只会出现在远洋救生中。其体积庞大与笨重，已经与水面运动完全无关。

第五章 桨板运动技巧

根据主要使用场景，从目前全球桨板运动的发展看，桨板运动方式大致有如下三大分支：

1-通用划行。

这包括在各种静态湖泊、流速不高的江河、近海的划行，参与者可实现休闲、娱乐、健身、探险、竞赛等目的。

图5-1：通用划行

2-桨板瑜伽。它的本质是将陆地上的瑜伽转移到水面上的桨板进行习练，是桨板运动的一个主要分支。桨板瑜伽已经成为当代女性追求的运动修身新时尚。

图5-2：桨板瑜伽

3-桨板钓鱼。这是一个古老的行业，以往大都集中在钓具的发展上，桨板的出现给这个行业带来新机遇，钓鱼爱好者现在可以划着灵巧的桨板进入以前可望不可及、垂涎三尺的水域下钩啦！通用板虽然也能达成这样的目的，但还是有商家为钓鱼者设计了配备有很多附件的专用板。

图5-3：桨板钓鱼

作为一名桨板爱好者，别忘了桨板运动的魅力精髓：自由！既然要享受自由，你必须尽最大可能承担起享受它所需要做的一切：

你需要做好功课，在哪个水域划行，如何抵达、如何携带器材、如何充气、如何收板，什么时间出发，什么时间返回，中间的休息及餐食如何解决，遇到内急如何解决，手纸带了没有等等。这些问题都需要有预案，这里不做赘述。

5.1　上下水方式

如果是在特定的水上运动基地里第一次练习，你很有可能需要使用基地的码头，以跪姿尝试上板可避免由于失去平衡落水（图5-4）。实际上落水并非坏事，反而会让你迅速掌握落水自救，重新爬回板子的技能。对于一些身体素质不是太好的尝试者，我们建议他们落水后，从板体最窄的部位上板，因为这样手臂相对容易搂住板体。很多水性不是太好的初学者都会穿着救生衣，如果全身力量不够好，由于救生衣与板体边缘的摩擦较大会产生阻碍，独自回板的机率较小，此时可挥手向教练求助。

我们建议你以跪姿先在板上划行一阵,熟悉一下身体与板的互动，以及左右换手和转弯、调头、倒划、靠岸等技巧后，再尝试从跪姿过度到站姿。

在起身之前，先确定一下自己在板上的位置，双膝通常平行跪在板中间的把手两侧，间距稍微拉大，这样容易保持平衡。

图5-4：　跪姿上板是一种通用和较为稳妥的出发方式

    先抬起哪条腿都可以，取决于自己的习惯。将桨横置在身体前方，双手掌跨过桨杆，手指撑住板面。然后再抬起另一条腿，站立起来。

图5-5：单腿抬起

图5-6：单腿逐渐起立

图5-7：另一条腿也跟随起立

　　如果这个过程过于拖泥带水，反而让双腿很疲劳，更容易失稳。如果感觉不能平衡，可迅速趴在板上，不用管桨，扔开就是，这些桨的设计都是可以漂浮在水面的。待自己稳定后，可用手划动板，从水里捞回桨。

图5-8：在起立过程中，可借助桨在水面的支撑作用维持平衡

图5-9：身体直立后，可保持双膝略弯，增加平衡缓冲力度，开始划行

如果已经可以站立了，那就迅速把桨插入两侧水中，慢慢划动起来，巩固平衡。这么做的原因是你的双腿和这个插入水中划行的桨构成的三角形有利于身体平衡，尽管水是软的，支撑力弱，但划动起来，水给桨叶的反作用也能起到相当的支撑力。

图5-10: 初学者起立后尽快开始划行，久站不划桨反而令身体较难平衡

从划行的目的来看，主要有前进、转弯、调头和刹车四个动作。

从划行动作的本质看只有前划、倒划和转向三大类。

5.2 板上站位

划行时的站位，通常平行站在板中间的把手两侧即可，那里一般是板体中心位置，身体容易取得平衡，板体吃水状态较为均衡合理。

5.3 如何保持直线划行

因为是单桨，必然是交替手在板的两侧由前向后划动，驱动板体前进。为保持直线行驶，在两侧各用多少桨、每一桨的力度、桨叶吃水深度等等的问题，都需要划行者根据当时的风向、水流和自己想要去的方向及时调整。

5.4 如何转弯

　　我们来看看如何转弯。初学时的转弯可用桨从板头向外划四分之一圆的弧线来实现。连续重复该动作也可以实现掉头。实践中大家会发觉这个操作的效率不太高，划了很多下，方向才转过来。　你可以尝试采用倒划的方法，提高转向速度。也就是将桨从后向前外侧划动，使板体转动，用这种方法转向或掉头比较快。

　　　　　　　　　　　　　　　　　　　但要注意的是由于倒划的力道相对较大，板面给双脚的反作用力也较大，当心身体失衡。

图5-11：这是一种反划转弯方式，即桨叶从侧后方向板头方向以弧形轨迹划动

图5-12：根据转向意图决定自己划桨的力道和轨迹长短

图5-13：把桨提出水面，绕过板头，来到板的另一侧

图5-14：迅速朝既定方向划行

图5-15：转弯动作序列

5.5 如何调头

掉头的本质其实就是180度的转向。如上所述,连续转向即可实现掉头,但那样做效率较低,有一些情形下需要快速掉头。例如域狭窄,不允许实施大幅度的转向动作;再就是比赛时的绕标环节,如果能高速掉头,你会领先对手很多时间。我们把这种掉头称之为后倾原地掉头。划行者迅速移动到板体尾部,在保持身体平衡的情况下,将板头部分翘起,同时划动单桨,即可实现快速掉头。

图5-16:双脚由平行站位变成前后脚站位

图5-17:开始从一侧的板头方向向板尾
　　　　划弧线。原则上,此时双脚虽
　　　　然有前后,但都尽量靠板外侧,
　　　　这样有助于身体平衡

图5-18：以自己的后脚为转轴的转向过程中，桨叶划动弧线幅度大小取决于转向意图。
在条件和技术能力允许情况下，可桨将桨叶划动到身后，实现最快的转向

图5-19：如果由于条件限制，无法
实现一桨调头，可继续重复以后
脚为转轴的连续弧形划桨

图5-20：整个过程中需要保持身体重心处于较低状态

图5-21：左脚在前，通常是左转；右脚在前，朝右转

需要左右脚都加强练习，以应对比赛时的顺反时针绕标

图5-22: 当板头已经转向既定方向时，即可迅速将右脚提上前方，与左脚平行

图5-23: 迅速朝既定方向划行

图 5-24：原地后倾调头动作序列

整个过程中身体需要借助重心和桨保持平衡，此时两脚尽量靠近板体的两侧，这样做相对容易控制平衡。掉头后可前移双脚回到板体中部继续划行。这个动作需要反复练习方能娴熟，比赛中才不至于失手。

5.6　如何靠岸

靠岸的情况很多种，因地制宜为上策。　国内的初学者通常会在有浮动码头的基地学习，那靠岸时尤其要注意，在接近码头前要采用跪姿划行（图5-25），使板体逐渐与码头平行接近，不要用板头直接撞击码头"刹车"，避免损坏桨板。

图5-25：以跪姿接近岸边是比较稳妥的方式，既能避免意外落水又能避免损坏器材

那么在户外湖泊或河流的情形下应该如何靠岸呢？这要看具体情况而定，但上述原则仍旧适用：一是注意自己的身体不要受到意外惊吓和伤害，二是保护器材不受损。自然湖泊河流岸边有无法预测的各类障碍物，更需格外小心保护划行者的脚部与器材。这个话题会在以后进一步讨论。

5.7 如何提高划桨效率

　　为使桨叶在水中发挥最大的推动效率，桨叶入水后，应尽量让桨干垂直于水面由前向后划动。初学容易将桨叶拉得非常靠后，其实没这必要，这会降低划桨频率。向后划到什么程度算合适呢？通常只要把桨叶划到自己脚后跟的位置即可出水，继续向前挥桨插水，开始下一桨的划行。

图5-26：水上运动是一种艺术，动作正确，节奏正确都是提高划行效率的要素

第六章　桨板运动场景

借助某种工具旅游和旅行，探索自己从未抵达过的领域，这是传统探险文化的重要组成部分。以往大家会采用皮划艇、独木舟、皮筏艇、山地车等器材从事户外旅行活动，很显然，这些装备不便携带的特性决定了它们一直是小众运动。直到折叠桨板出现，全球迅速掀起了桨板旅行狂潮，人们开始用桨板探索自己家乡和外部世界的湖泊、河流和海岛。

6.1 旅游旅行

旅游与旅行是现代桨板出镜率最高的场景（图6-1）。以往人们走进户外，除了陆地上的活动，水面上可以比较方便和自主实施的活动非常有限，前文谈到过的帆船、皮划艇、风筝冲浪、尾波板、帆板等活动由于器材难以随身携带等较为苛刻的要求，始终无法普及到普罗大众。而桨板只需水深1米以上即可开展的优势，加上折叠器材的便携，使桨板迅速应用到水边露营、徒步旅行、海滨度假、湖畔垂钓等各种休闲娱乐当中，成为老少咸宜的大众平台。很多此前不便亲身深入拜访的湖泊、河流、峡湾、海岛成为桨板趋之如鹜的目的地。

图6-1：桨板是迄今为止人类探索水世界的最简约平台

以往人们海滨度假的活动基本局限在晒太阳、吃海鲜、湿湿脚、拍个照，一走了之。有了可以随行携带的折叠桨板，人们就可以尽情享受自己驾驭大海的无穷乐趣。

6.2 营地生活

　　露营生活（图6-3）是人们户外活动的一个重要环节， 也是人类走出水泥森林回归大自然的重要途径。在类活动中，桨板不仅仅是人们顺流而下的一叶轻舟，更可以在宿营时充当隔离潮湿地面的气垫床（图6-2）， 一板多用，好不快哉！

图6-2：桨板宿营

图6-3：桨板旅行野餐

6.3 户外探险

　　户外探险有多种形式， 采用桨板纵深原始森林与静谧湖泊是当代探险生活的新生力量。充气折叠桨板为克服崎岖探险之路提供了极大的灵活性。加拿大年轻的新婚夫妇就这样完成了漂流蛇河的蜜月旅行（图6-4），留下了满满的人生美妙回忆（图6-5）。

图6-4：桨板蜜月旅行

图6-5：桨板比翼双飞

6.4 桨板竞赛

体育运动除了养身怡情休闲娱乐强健体魄外，其中的竞赛部分恐怕是人类与生俱来的基因所致。桨板运动概莫能外。 全球大大小小的桨板比赛多如牛毛（图6-6）！进行比赛的水域、桨板规格也五花八门。世界各地的桨板组织也创立了不少自己的赛事规程，也就赛事的一些大的原则达成了某些共识。例如，参赛的桨板尺寸，目前大家公认有两种尺寸的板子是主要竞速用板，一种是长度为14英尺，另一种长度为12英尺6英寸。有些规程限定了板子的宽度不能低于某一尺寸，大多数规程没有涉及板子的宽度，对于板体的材质基本没有特别约束。

图6-6：全球桨板赛事多如牛毛

除此之外，一些桨板厂商正在积极推进团队赛事的桨板，例如中国品牌水蜢已经推出分别用于团队竞速的四人桨板系列（图6-7）。

图6-7：四人竞速桨板日益风靡，成为社交利器

桨板运动全球火热，正在不断发展，人们会倾注更多的激情和智慧将这项大众运动更迅猛地向前推进。

第七章 桨板水上瑜伽

陆上瑜伽作为传统健身运动已家喻户晓，桨板的出现为瑜伽运动提供了一个全新舞台。在水面习练瑜伽相对陆地的两大优势使得当今时尚女性对其趋之若鹜。第一个优势是习练环境与大自然无缝融合，这正是瑜伽追求的最高目标之一。习练者身处幽静的湖泊、海滩、密林深处的神秘水面上可以最大限度地将力量、心灵与自然之魂紧密相连；第二个优势是桨板瑜伽对身体平衡能力要求更高，身体各肌肉群的参与程度和强度高于陆上瑜伽，能够帮助习练者迅速提高运动水平。

用于水上瑜伽的桨板有两类，一类是普通桨板，既可用于划行也能开展水上瑜伽，这类桨板的长度通常在10英尺6英寸左右，板宽在32英寸以上；为适应大多数人紧张的现代生活节奏，泳池桨板瑜伽正在蓬勃发展，它不受气候影响，一年四季都可以舒适地开展，目前非常流行。与之相适应的桨板形态也发生了一些改变，这种桨板为长方形，长220厘米，宽90厘米，与标准泳道间距完全匹配，提高了场地的利用率。本章的体式示范均采用这种泳池桨板瑜伽专用板。

水上瑜伽的体式基本源于陆上瑜伽体式，少量体式会根据水面情况做相对简化或变通。我们为大家编排了一个为期30天的水上桨板瑜伽习练体式系列，为传统瑜伽爱好者尝试水上瑜伽提供简要明了的入门习练路径。

第一日：莲花坐

端坐在板面中心区域，比较容易取得身体平衡。可以根据自己的喜好和习练程度，采取瑜伽的十种坐姿（简易坐、金刚坐、半莲花坐、全莲花坐、至善坐、英雄坐、狮子坐、吉祥坐、成就坐、散盘坐）中的任意一种。

我们推荐采用半莲花坐和全莲花坐。

图7-1：莲花坐

图7-2：牛面式

第2日：牛面式

动作要领：

目视前方。

双手于右肩后十指交握，掌心朝上。

左臂高举过头，屈肘，肘尖正对后脑勺，指尖朝下。

屈双膝，双腿交叠，双膝在一条直线上。

体式功效：

拉伸手臂、放松肩部、拉伸背部和扩张胸部。增加脊椎的柔韧性。

拉伸腹部肌肉，按摩腹部器官。舒缓轻度背痛，消除疲劳。

注意事项：

双腿交叠时，务必使双脚脚背贴板，且双膝膝盖在一条直线上。

图7-3：猫式

第3日：猫式

动作要领：

身体呈四脚板凳状跪立，双手和双膝着板，脚背贴板。双臂和双膝分开与肩同宽，且与板面垂直。

吸气，向上看，伸展脊柱上段。尽可能让整个脊柱得到伸展而不仅仅是放低肚脐。

呼气，低头，圆背。收紧腹部肌肉，大腿始终垂直于板面。体重由双手承担施加于板上。

体式功效：

拉伸背部肌肉群，消除背部肌肉僵硬和疲劳。

注意事项：

脖子尽量抬高，但不要过度向后弯曲颈部，避免意外。腹部下沉的本意是在让脊柱得到保持自然S曲线的前提下尽量拉伸。

图7-4：拜日.山式

第4日：拜日.山式

动作要领：

　　站姿，双脚位于板面中心两侧；吸气，双臂上伸过头。手掌并拢，向上抬头仰望，尽力向上挺拔。向内收紧腹肌，避免下部肋骨突出。尾骨稍向前送。

体式功效：

　　舒展四肢，调理脊椎。挤压肺腑，促进全身血液循环。加强四肢平衡感。

注意事项：

　　如果水面碎浪过多，身体不易平衡，可将双脚间距拉大一些。　如果觉得双眼朝上盯着看太累，可平视。

图7-5：拜日.直挂云帆式

第5日：拜日.直挂云帆式

动作要领：

从上一个动作开始呼气，前伸俯身。双手扶桨板边缘。

如果感觉自己膝盖后较为疼痛或腘绳肌被拉伸得难受，可以把双膝稍微弯曲缓解一下。收紧躯干和下腹部，以支撑背部。

双眼凝视桨板后部。

体式功效：

舒展四肢，调理脊柱，改善骨质。挤压脏腑，促进全身血液循环。

注意事项：

该动作不适宜有高血压的人习练。

图7-6：拜日.前屈式

第6日：拜日.前屈式

动作要领：

站姿，平背，吸气。尽量使躯干平行于板面，目光平视。

体式功效：

刺激肝脏和肾脏。

伸展腿筋、小腿和臀部。

强健大腿和膝盖。

注意事项：

我们要的是获得平直脊椎，所以如果有必要，双膝可以略微弯曲。

图7-7：斜板式

第7日：斜板式

动作要领：

双脚前脚掌踩地，双腿绷直，与肩同宽。

收紧胸、背、臀部的肌肉，身体保持一条直线。双臂垂直于板面，双手手指分开，中指大致朝前。脚跟用力向后，使大腿肌肉群受到刺激。

体式功效：

斜板式对腰、腹、臀和四肢都有极佳的塑形效果，协调发展全身的肌肉。

注意事项：

如果感觉强度太高，可将双腿略弯，双膝撑在板面，但其它姿态不要改变。

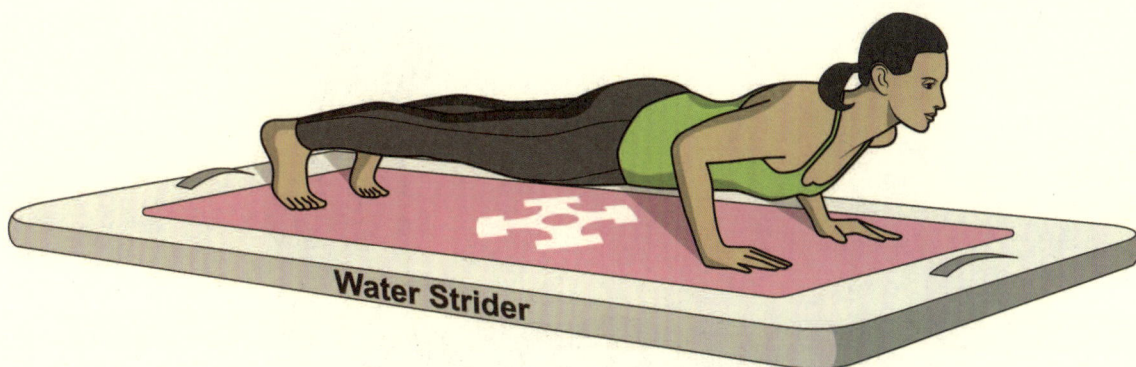

图7-8：拜日.四柱式

第8日：拜日.四柱式

动作要领：

从斜板式开始呼气，弯曲肘部下沉，直到上臂于腹腔肋骨基本平行。

肩部应该位于双手之前。

目光前视。

体式功效：

强壮手臂与手腕。

注意事项：

如果你是从双膝触板开始下沉身体，请把速度尽量放缓。

图7-9：上犬式

第9日：上犬式

动作要领：

　　从四柱式开始吸气，伸直双臂，同时双脚向上支撑身体进入姿态。双臂垂直于板面，身体离开板面，仅由手脚支撑。双臂推板，双肩向下移动，同时相对内夹。双腿与核心肌肉收紧，有意识地拉伸脊柱。腰部不要有任何扭曲。

体式功效：

　　强健脊椎、手臂、手腕。

　　伸展胸部和肺部、肩膀，紧实臀部。

　　刺激腹部器官。

注意事项：

　　这个体式对腕部压力较大，所以尽量将负荷通过手掌手指分散开。双肩过于前突或落后手掌，请随时调整。

图7-10：下犬式

第10日：下犬式

动作要领：

呼气，低头向后方脚趾方向卷曲，身体呈现倒V字形。拉长脊柱，头部放松。如果大腿后侧肌肉过紧，可弯曲双膝，提升坐骨，收腹！胸部贴向大腿。

体式功效：

可以锻炼到手臂和腿部的韧带，增强手臂、腿部、躯干的力量，伸展手掌、胸部、背部、腘绳肌腱、小腿和双脚。矫正驼背等不良体态，修饰全身线条。

注意事项：

这个体式是桨板瑜伽里比较有趣的一个，因为此时双眼看到的是天空！

图7-11：三腿下犬式

第11日：三腿下犬式

动作要领：

　　从下犬式将一条腿指向天空即是三腿下犬式。双手要保持身体平衡，避免肩部扭动。在保持舒适的前提下，腿部尽量抬高。双眼盯住水面。

体式功效：

　　消除疲劳、减慢心率，强化腿部，加强腿部伸展，缓解肩胛部僵硬感

注意事项：

　　为确保腿部真的处于抬升状态，请把脚尖绷直！

图7-12：箭步式

第12日：箭步式

动作要领：

前腿位于双手之间，后腿以膝盖触板置于后方。前腿的髌骨垂直于板面，大腿压向板面，别忘了使用核心力量。双眼聚焦前方某一固定目标，这样动作比较容易实现。吸气时，可将双臂平伸，甚至举过头顶。如果水面晃动，双手可扶着板缘。

注意事项：

水面晃动厉害时，请把手指插入水中尽量保持平衡。

图7-13: 箭步扭转

第13日：箭步扭转

动作要领：

　　前期动作和箭步一样，但区别始于伸展双臂之前。后腿置于板上，与前腿同侧的手臂伴随肚脐以上的向前腿同侧方向身体扭转。感觉姿态稳定后，可逐渐伸直后腿。

注意事项：

　　注意，无需将该体式做到你的极限，毕竟这是在动态的桨板上，你还需要照顾板上平衡。将躯干尽量靠近板体中心线。

图7-14：战士三式

第14日：战士三式

动作要领：

　　从下犬式开始，将一只脚踏上板面中心位置，双手五指打开，支撑在双肩下的防滑垫上。抬头向前看，向后抬腿，收紧核心区域，拉长脊柱。

体式功效：

　　活动双腿，使腿部肌肉更为匀称和紧实。使脊椎更强健，缓解腰背痛。

注意事项：

　　如果水面晃动厉害，双手可扶住板的边缘。如果你想感受更大挑战，可继续向前腿俯身，抬高后腿。

图7-15：三角式

第15日：三角式

动作要领：

从下犬式开始，一只脚踏向左手，向左右扩宽两腿。伸直后腿，脚跟向内旋转。左手置于前脚内侧约2-3英寸的位置，尽可能拉直前腿。目视前脚，姿态稳定后，右手从髋部开始指向天空。

体式功效：

活动脊椎和背部肌肉，消除疼痛。拉伸侧腰。

注意事项：

这个体式里，我们把脚间距拉宽而不是像在陆地上让双脚呈直线排列，目的在于获得更好的板上平衡，手触脚的内侧也是这个目的。不要向后抬倾斜，以防落水。

图 7-16：战士一式

第16日：战士一式

动作要领：

从下犬式开始，位于双手之间，向前伸出左脚，右腿置于板面。拉宽左右腿间距，伸直后腿，其脚跟向板面中线旋转。吸气，双臂左右平伸获得平衡后，向上指向天空。

体式功效：

扩展胸部，使呼吸更加深入；强化身体平衡能力，缓解小腿和大腿肌肉痉挛。

注意事项：

勇敢一点儿！双臂上举时吸气。

图7-17：战士二式

第17日：战士二式

动作要领：

从战士一式开始呼气，向身体一侧打开双臂，使双肩面向板体一侧。这一体式的平衡性挑战更大，你要对自己的双腿充分信任！身心放松，才更能享受乐趣。

体式功效：

扩展胸部，使呼吸更加深入。使小腿肌肉变柔韧，消除小腿肌肉抽筋的毛病。缓解背部和腰部疼痛。

注意事项：

双眼盯住某一固定物会比较容易集中注意力。

图7-18：三角式单侧延展式

第18日：三角式单侧延展式

动作要领：

从战士二式开始，左手臂沿左腿内侧伸直触板，辅助平衡，右臂向上伸举过头顶，手掌朝向水面。该体侧尽量拉伸。如果想增加难度，可将触板的手置于脚背。

体式功效：

增强腿部肌肉，去除腿部和臀部僵硬，纠正腿部畸形，使腿部能均匀地发展。同时还能缓解背部疼痛以及颈部扭伤，增强脚踝，强健胸部。

注意事项：

双眼盯住某一固定物或水平线比较容易控制身体平衡。

图7-19：宽角度前屈式

第19日：宽角度前屈式

动作要领：

从下犬式开始，提起一只脚向前靠近一只手，同时小心地将脸转向板体一侧。双脚应平行踩在板体中线上，一只手扶住板体一侧以求平衡。身体缓慢前屈，另一只手扶住另一侧板体。待身体逐步平衡后，将另一只手也从两腿间穿越，扶住双脚后侧的板体边缘。腹部吸气收紧。

体式功效：

伸展腿筋、小腿和臀部强健大腿和膝盖。

注意事项：

注意身体重心应该落在板面中心，避免向脚跟或脚趾方向做过大偏移。

图7-20：侧向平板支撑式

第20日：侧向平板支撑式

动作要领：

　　从平板支撑状态开始,脚跟转向板体一侧。 一只手臂置于肩下,支撑在板面中心线上。另一只手臂指向空中,同时用力将腰侧拉起绷直。双眼盯住水平线或某一固定物。身体稳定后,你可以尝试向上看,增加挑战难度。

体式功效：

　　提高抗侧屈核心力量。

注意事项：

　　两脚分开做,由于增加了与板面的接触点,会降低该体式的难度。 水面平静,可以试着把双脚叠在一起,增加挑战难度； 水面晃动厉害,可将下方腿的膝盖置于板上,增加稳定性(此时,脚趾可能需要置于身后的水中)。

图7-21: 骆驼式

第21日：骆驼式

动作要领：

跪姿，双膝分列于桨板板面中心两侧。髋部位于双膝之上。要试着尽量打开脊柱而不是对腰部施加压力。

体式功效：

使脊椎更柔韧，调节脊椎神经，灵活肩关节。

扩展胸部，增加肺活量。校正驼背。

加强腹肌力量，伸展骨盆。

注意事项：

本体式最重要的目的是在身体后屈时打开脊柱。

图7-22：半扭脊式

第22日：半扭脊式

动作要领：

　　坐姿，板面中心位于大腿下方。双腿交叉，左腿平放，右腿从其上跨过，右脚置于左大腿外侧。身体向右侧扭转。

体式功效：

　　保持脊柱的弹性，增强髋部和脊柱的柔韧性。缓解轻度的背痛。

注意事项：

　　如果坐骨上抬，可将左腿伸直一些进行缓解。

图7-23：单腿背部伸展式

第23日：单腿背部伸展式

动作要领：

坐于板上，使大腿位于板面中心之上。

把右脚带入左腿内侧，俯身，双手抓住左脚掌。

拉动身体贴近左腿，保持数秒，身体还原。

体式功效：

伸展背部、拉伸髋部和腿后肌腱，促进骨盆区域血液循环。

注意事项：

如果水面晃动太大，双手可扶住板体两侧。

图7-24：船式

第24日：船式

动作要领：

　　坐于板面中心附近，吸气，用腹肌力量带动上身，双腿并拢抬起，与板面呈45°角。
双手前伸平举。保持数秒，呼气还原。尽可能让背部脊柱拉伸，不能让船沉了啊！

体式功效：

　　刺激双侧肺部，增强肺活量。锻炼双膝、大腿和背部肌肉，收紧臀部。 活动后腰和骨盆
关节，拉伸和按摩腹部器官。

注意事项：

　　如果感觉本体式挑战过大，可适当降低双腿上举角度。

图7-25：起重机式

第25日：起重机式

动作要领：

　　蹲姿，双手分开与肩同宽，屈肘，掌心贴板，指尖朝前，将双膝内侧放在上臂上，踮起脚尖，身体前倾，抬头。

　　吸气，脚趾离开板面，身体进一步前倾，臀部上抬。整个身体靠双手保持平衡。保持数秒，呼气，身体还原。

体式功效：

　　加强手臂肌肉力量，使肘关节、腕关节更强健。收紧腹部肌肉，按摩和挤压腹部器官，加强其功能。锻炼身体平衡能力。促进头部血液循环。

注意事项：

　　这是一个挑战很大的体式，需要比较强大的核心力量作为主要支撑。

图7-26：轮式

第26日：轮式

动作要领：

平躺在板上，腰背部位于板面中心之上。双手向后放在头部两侧，指尖指向双肩的方向。弯曲双膝，脚跟靠近臀部（刚开始尝试时，不用靠太近，不然抬升腰部时很难。）

吸气，躯干抬起，使双腿、臀部、背部和头部成拱形，用双脚和双手掌的力量支撑身体。保持数秒，身体还原至仰卧姿态。

体式功效：

扩展胸部及肺部，增强肺活量。充分拉伸脊椎。矫正塌肩驼背。

注意事项：

当你试图拱起身体时，板会晃动。身体抬升过程中不要试图调整手脚和都位置。所有调整动作待身体回到板上再进行。

图7-27：肩倒立式

第27日：肩倒立式

动作要领：

　　平躺板面，板面中心位于腰背部下。双手扶住板侧，吸气，向上抬起双腿；双手压住板面，背部抬离板面缓缓向头顶方向伸展；双手扶住腰间，呼气，双腿离开板面，慢慢向上抬至与板面平行的位置，保持数秒。吸气，伸直双腿，使背部、臀部与板面都保持垂直。重量尽量由肩部、上臂和双肘承担，减缓颈部的负担。保持数秒，呼气还原。

体式功效：

　　活动手臂关节，收紧腹部，促进血液循环到头部、颈部。

注意事项：

　　双腿抬举过头顶时，板体会发生晃动，需要花些时间反复练习。如果你在地面上没掌握这个体式，那在桨板上平躺后，能把双腿举在空中就好。

图7-28：头倒立式

第28日：头倒立式

动作要领：

　　将头部置于板面中心附近，双手扶住距离头部后方约30厘米的板侧。双脚向前移动直到感觉双脚要离开板面。双腿并非直愣愣地伸向空中，而是两腿叉开，慢慢向上伸展，直到获得平衡。要用双臂保持平衡和稳定。

体式功效：

　　加强颈部、肩膀、背部和手臂肌肉的力量。增强肺部功能，提升肺活量。血液涌入头部，为面部和头部补养。

注意事项：

　　你不必要一定要大头朝下。如果海上波浪滚滚，你就坐在板上，双脚泡在水里好了。

图7-29：犁式

第29日：犁式

动作要领：

这个体式实际上是肩倒立式的准备阶段的体式。

平躺板面，板面中心位于腰背部下方。双手扶住板侧，吸气，向上抬起双腿，双手压住板面，背部抬离板面缓缓向头顶方向伸展，双脚触板。保持数秒，身体还原。

体式功效：

按摩腹部器官，弯曲脊椎，促进血液循环。缓解肩肘僵硬和背部疼痛。

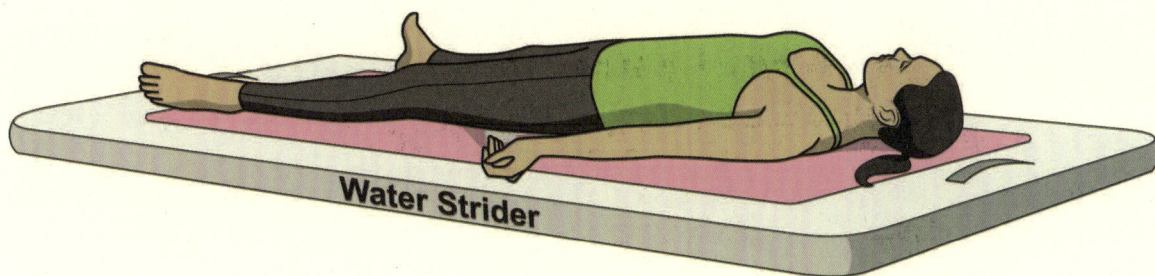

图7-30：结束. 放松

第30日：结束. 放松

第八章　亚洲桨板运动联盟赛事规程

目　录

目　录

第一章 器材

第1节 本章适用范围

本章内容适用于12英尺6英寸板、14英尺板和无限制板级的各种板。

第2节 板体约束

2.01 12英尺6英寸板的宽度不低于23.75英寸，14英尺板的宽度不低于23英寸。宽度测量取板体中轴线中点前后3英寸处的板体外缘间距进行测量。

2.02 站立区内凹深度不得低于板体外缘最高处4.92英寸。

2.03 "站立区"定义为板面上任何区域。

2.04 12英尺6英寸板的重量不得低于9公斤，14英尺板的重量不得低于10公斤。

2.05 舵只能出现在无限制板上。

第3节 板级定义

3.01 12英尺6英寸板级：任何长度等于或小于12英尺6英寸的板。

3.02 14英尺板级：任何长度等于或小于14英尺的板。

3.03 无限制板级：除必须使用人力做为动力外，对其它方面没有任何限制的板。

3.04 冲浪板级：任何长度等于或低于12英尺5英寸的板。 冲浪板级的板的表面不能有分水设计或内凹面。

3.05 多个内凹面的板只允许出现在无限制板级。

3.06 有舵的板只允许出现在无限制板级之中。

3.07 安装水翼的板只允许出现在无限制板级。

3.08 "多内凹"板：具有多于一个以上的内凹面的板。只要有一个内凹点低于板体外缘最高点大于3英寸就可认定此板属于多内凹面板。

3.09 尾鳍：安装在板底表面的任何外部附件或突起物。

3.10 水翼：任何能产生流体升力的外部附属物。

3.11 单桨：具有单一桨叶的推动装置，该装置一端有把手，另一端有桨叶。桨板赛事中不允许使用双头桨。

3.12 舵：任何可以围绕固定位置旋转的尾鳍或水翼。

3.13 附属物：任何安放在板表面的物品，例如，但不局限于尾鳍、把手、水翼等。

第4节　板体控制

4.01　取板头与板尾的最远端进行板体长度测量。

4.02　板体重量低于规定值时可以通过安放附属物的方式达到规定标准，以便通过板体控制检查。须确保附属物在竞赛全程不得脱落。

4.03　板体控制检查之后，板体发生的任何改变均需满足该板所属级别的要求。

4.04　在通过板体控制检查后，板体需接受亚洲桨板运动联盟的检控胶贴标识；该胶贴标识有效期为一年。

4.05　板体控制检查需使用亚洲桨板运动联盟认证过的测量工具。

4.06　亚洲桨板运动联盟认证胶贴脱落后需重新进行板体控制检查。

4.07　选手完赛后一小时内可能被要求对板体再次进行控制检查。

4.08　任何能为选手提供帮助的机械装置、附属物、造成竞赛不公平的行为都属于禁止范围。速度表、GPS或其它给选手提供实时反馈的装备不在禁止范围。

第二章　赛事结构

本章内容适用于所有亚洲桨板运动联盟赛事、选手及赛事工作人员。

第5节　竞赛组织结构

5.01　竞赛组织构成：

　　　　赛事总监

　　　　赛事副总监

　　　　赛事经理

　　　　运动员代表

　　　　板控官

　　　　发令官

　　　　安全官

　　　　司线员

　　　　媒介官

　　　　发言人

　　　　赛道裁判

　　　　终点裁判

　　　　计时员

5.02　所有亚洲桨板运动联盟批准的赛事均需有一名亚洲桨板运动联盟认证官员担任赛事主管职位。

5.03　如果条件允许，一个人除了可以在赛事委员会中任职外，还可以担当上述多个职位。

第6节　赛事委员会

6.01　赛事委员会负责赛事管理，其构成如下：

　　　　（1）　赛事总监（兼任赛事委员会主任）

　　　　（2）　赛事副总监

　　　　（3）　赛事经理

　　　　（4）　运动员代表

6.02　赛事委员会职责：

　　　　（1）　组织与管理赛事；

(2) 在气候条件不适或受其它因素的影响而不适合举行比赛时，赛事委员会有权推迟或决定另行比赛的时间；

(3) 监视比赛的出发和冲刺，记录任何违规行为；

(4) 倾听申诉并决定裁决结果；解决赛事纠纷；

(5) 在赛事举办之前、当中及赛后，与运动员代表保持沟通；

(6) 向亚洲桨板运动联盟总部提交赛事报告，内容主要包含赛事结果、申诉记录及仲裁结果、参与赛事的赛事官员名单。

6.03　在对任何申诉做出仲裁之前，赛事委员会：

(1) 需要报告违规行为的赛事官员或提出申诉的运动员的完整报告；

(2) 可以征询任何目击被指控违规的行为的赛事官员或赛事运动员代表的意见；

(3) 可以征询其它亚洲桨板运动联盟官员的意见；

(4) 查看有关违规指控的视频或影像记录以确保指控的真实性；

(5) 应该基于以上这些原则进行裁决。

6.04　任何与选手有商业合作或特殊关系，或透过赞助商与选手有关联的赛事委员会成员都主动退出赛事委员。此时，赛事总监需从参与赛事的亚洲桨板运动联盟官员中委派一人担任空缺的赛事委员会岗位。

第7节　赛事官员的职责

7.01　赛事总监兼任赛事委员会主任，他应该：

(1) 决定赛事中本手册规定之外的所有事宜；

(2) 决定赛事中违规行为导致的取消比赛资格事宜；

(3) 在成绩公布前通知违规选手其成绩被取消的裁决；

(4) 确保所有参赛的赛事官员知晓赛事流程并为之做好了准备；

(5) 确保所有赛道均按亚洲桨板运动联盟的标准进行规划。

7.02　赛事副总监应协助赛事总监工作；必要时，替代赛事总监行使管理权力。

7.03　赛事经理负责赛事的管理任务：

(1) 确保赛事举办前三个月和比赛当天准备好赛道地图；

(2) 准备好亚洲桨板运动联盟赛事包。赛事发布时，能够为参赛选手提供该包；

(3) 按照亚洲桨板运动联盟规则准备好出发线和终点线；

(4) 与计时员合作记录比赛成绩与成绩发布；

(5) 准备好分组的获胜者名单；

(6) 为赛事发言人及赛事总监提供有关赛事、成绩等相关信息；

(7)　对赛事进行监理，并有责任确保赛事按照预定计划进行；

(8)　确保所有赛道符合亚洲桨板运动联盟规则。

7.04　板控官应该：

(1)　比赛前对所有参赛板进行长度、宽度和重量的合规检查；

(2)　取消任何不合规板的比赛资格或协助其进行调整以符合参赛要求；

(3)　参照第3节将参赛板进行分级；

(4)　赛后向赛事委员会提交板体控制报告；

(5)　记录任何板体的违规行为并向赛事总监提交报告。

7.05　发令官应该：

(1)　与赛事总监联合决定最安全的出发方式；

(2)　确保赛事经理完全了解出发流程；

(3)　有责任与赛事委员会决定哪种出发方式违规；

(4)　确认发令器材处于良好状态；

(5)　一切准备就绪后，与出发线附近其他赛事官员保持沟通；

(6)　依照赛事规则，向选手发出各就各位的指令，准备出发；

(7)　如果需要，可行使司线员的职责，召唤运动员靠近出发线；

(8)　当对出发的公平状态和安全条件满意时，可依据赛事规则，向选手发令出发；

7.06　司线员需要确保的赛事出发内容包括：

(1)　将选手引领到出发线，并通知发令官，出发线已经准备完毕；

(2)　纠正选手间不安全或不公平的相对位置问题；

(3)　确保出发排队机制符合种子选手规则（如果赛事里安排了这一出发机制）；

(4)　确认在出发线上，选手彼此间保留足够的空间。

7.07　运动员代表应：

(1)　由亚洲桨板运动联盟赛事委员会提名或赛事总监提名；

(2)　运动员代表至少由一名、最多不超过三名的亚洲桨板运动联盟会员组成；

(3)　在过去的2年内，在亚洲桨板运动联盟批准的赛事里完赛过；

(4)　赛前、赛中及赛后，都与赛事委员会保持良好的沟通；

(5)　对赛事中发生的任何变更都予以协助；

(6)　赛后一周内向亚洲桨板运动联盟提交报告，主要内容涉及比赛经验、体会及改进建议；

7.08　赛道裁判：

(1)　应确保赛前和赛中，所有有关赛道的规则都得到遵守；

(2)　应确保所有参赛板按照亚洲桨板运动联盟制定的规则使用；

(3)　只有在儿童赛事中，才可以为选手指点划行方向；

(4)　在天气恶劣或不安全时，应有权取消比赛；

(5)　发现选手违规事件后，应在赛后立即报告给赛事总监；

(6)　在出现不可抗拒因素时，应努力避免任何外部干扰。

7.09　安全官应该：

(1)　批准所有驻有海事局或水务局等相关水域管理机构的赛道；

(2)　与赛事委员会沟通，批准所有赛道或对赛道的变更；

(3)　确保所有赛事保障船只遵守海事局或水务局等相关水域管理机构的安全管理条例；

(4)　确保所有赛事官员和选手都知晓当地潮汐、水流、障碍物和天气条件等因素；

(5)　应该在赛事开始前的24小时内发布特别天气预报；

(6)　正式比赛前，需要对天气条件做必要的更新报告；

(7)　确保亚洲桨板运动联盟批准的安全策略在赛前72小时已经得到宣讲；

(8)　确保所有赛事官员和选手都了解赛事安全策略；

(9)　应全力贯彻执行赛事安全策略。

7.10　终点裁判与计时员：

(1)　应该尽量靠近终点门柱附近，身处能够清楚地看见整条终点线的位置；

(2)　负责记录选手冲刺的顺序；

(3)　在决赛名次遇有争议时，应核对终点的视频与影像记录做出判断；

(4)　应确保终点线的设置符合亚洲桨板运动联盟相关规则；

(5)　在终点的工作位置由赛事经理保留；

(6)　收集和整理全部比赛结果；

(7)　可以采用数字自动计时或手动计时；

(8)　正式的比赛成绩出来后，应立即报告给赛事总监。

7.11　赛事发言人的所有发言需经赛事副总监批准；应该对外发布如下消息：

(1)　每项比赛的开始时间；

(2)　来自赛事官员的重要消息更新；

(3)　比赛中运动员们的名次；

(4)　正式比赛成绩；

(5)　其它与赛事有关的消息。

7.12　媒介官：

(1)　需在赛事前、赛事中及赛事后向媒体提供相关信息；

(2)　被授权可以向赛事副总监索取有关赛事信息；

(3)　应该与亚洲桨板运动联盟合作对公众发布赛前和赛后信息。

第8节　官员资质

8.01　所有亚洲桨板运动联盟官员须满18岁；

8.02　所有官员候选人或官员须是有效期内的亚洲桨板运动联盟会员；

8.03　亚洲桨板运动联盟官员资质是基于笔试和面谈试而获得；

8.04　亚洲桨板运动联盟官员资质的考试是基于本手册的内容及赛事实际经验；

8.05　个人通过亚洲桨板运动联盟考试后即需向亚洲桨板运动联盟交纳证书费。

第9节　报名费

9.01　若需获得亚洲桨板运动联盟官方的完赛时间，需交纳报名费。

9.02　每个选手的每项比赛的报名费不得超过200元人民币。

9.03　选手被判取消比赛资格或由于自身原因退出比赛，其报名费均不退。

第10节　奖金规则

10.01 最终的最低奖金数额须于赛事前3个月公布。

10.02 奖金最低分配规则应遵守附录B提供的方案。

10.03 所有奖金均须于比赛结束后现场颁发。

10.04 奖金只能颁发给由赛事总监安排的专业组别。

10.05 如果赛事组织者负责处理税务问题，公布的奖金数额应该是税后金额。

10.06 如果是通过银行转账支付，赛事主办方可以有七天用以处理向所有已经提交详细银行账户信息的获奖者转账事宜。赛事结束后两个月内，获奖者若仍未提交自己的收款行账户信息，则视为放弃。

10.07 如果赛事主办方在赛后7天内或获奖者提供正确的银行信息后的7天内仍未能向获奖者发放奖金，亚洲桨板运动联盟将在接下来的一年内不会批准任何当事赛事总监涉入的任何事。

10.08 违反奖金分配原则也将导致亚洲桨板运动联盟在接下来的一年内不会批准任何当事赛事总监涉入的任何赛事。

第11节　赛事日程安排

11.01 亚洲桨板运动联盟赛事的安排应尽可能避免与全球范围内其它同类赛事的日期发生冲突，尤其避免与区域内的赛事日程冲突。

11.02 赛事地点在1000公里范围内，赛事奖金在10000元人民币以上的赛事应协调举办，最好间隔二周。

11.03 赛事举办日期应提前至少三个月发布。

11.04 赛事日期在开赛前的三个月内不要变更。

第12节　安全策略

12.01 安全官应该全权负责安全策略的制定与贯彻执行执行。

12.02 每项赛事前一周都应该准备好安全策略的书面报告，内容应该包括：

　　(1)　如果可能，规划好一条备用赛道，以应对可能出现的不利天气；

　　(2)　赛事现场或附近至少有快递服务团队；

　　(3)　指定的选手疏散点；

　　(4)　每40名运动员配备一只安全船；

　　(5)　浪高一米以上的海滩赛事，每20名运动员至少配备一只安全船或救生船；

　　(6)　符合当地海事局或水务局等相关水域管理机构安全管理条例；

　　(7)　赛事工作人员要配备完善的通讯系统。

12.03 船只操作人员应该：

　　(1)　有当地船只驾驶资质；

　　(2)　至少18岁以上；

　　(3)　理解安全官部署的所有安全保障流程；

　　(4)　船只驾驶人员或同船者需要经过水上安全条例的认证；

　　(5)　赛事中，与安全官保持直接的通讯联络；

　　(6)　船上至少还有另外一名负责安全的人员；

　　(7)　向赛事总监报告赛事进展信息；

　　(8)　不得在距离任何参赛者100米的范围内产生高于15厘米的尾波浪。 如果船只必须加速行驶，必须首先在距离任何一名运动员100米远处、与赛道至少保持45°以上的角度缓慢行驶；

　　(9)　船身应有标记或旗子表明自己是赛事用船；

　　(10)　确保赛道上全部选手的安全；

(11) 监视天气变化，随时报告给安全官；

(12) 要随赛事进展出现在赛道起始、中途、末尾阶段以保障赛事安全。

12.04 所有参加亚洲桨板运动联盟赛事的选手均需佩戴安全脚绳；

12.05 身体不适或体力不支的选手应该在头顶挥手或桨示意需要援助。

12.06 选手看见其它选手需要救助时，应前往援助或帮助其引起最近安全人员的注意。

第13节　赛事信息发布

13.01 赛事网站应至少于赛事日期前三个月开通，网站应该含有如下内容：

(1) 赛道地图及赛道长度。如有可能，还需要发布备用赛道；

(2) 赛事的详细日程安排。日程应该包括注册时间、赛事开始时间及颁奖时间；

(3) 如何注册赛事的相关信息；

(4) 奖金总额及分配方案；

(5) 赛事举办地详细地址；

(6) 器材运送时间及赛事现场物流信息；

(7) 其它赛事相关信息和更新内容。

13.02 赛事信息发布也可采用适当的网络群组或第三方服务平台。

第14节　赛前会议

14.01 所有亚洲桨板运动联盟赛事必须举行赛事会议，赛事会议：

(1) 由赛事总监主持；

(2) 对赛道、起点终点及比赛序列进行说明；

(3) 对赛事的天气、潮汐和风力风向作出口头介绍；

(4) 对安全策略进行讲解；

(5) 赛前会议的举办时间应在赛事开始前30分钟到1小时之间。

第15节　赛道

15.01 所有亚洲桨板运动联盟赛事都应遵守认证过的赛道规则，除非获得亚洲桨板运动联盟的特许。

15.02 所有亚洲桨板运动联盟赛道长度均需采用GPS测量，与公布赛道的长度误差不得超过300米。

冲刺赛赛道的公布长度与测量结果之间的误差不得超过25米。

超长距离赛赛道的公布长度与测量结果之间的误差不得超过1000米。

15.03　赛事举办地的持续风速超过46公里/小时，赛道将：

　　(1)　如果条件允许，调整为顶风或顺风的赛道至少占全部赛道的40%；

　　(2)　顶风或顺风：赛道与风向夹角小于20°角。

15.04　冲刺赛赛道：

　　(1)　长度至少100米，但不超过1000米；

　　(2)　每组出发人数不超过10人；

　　(3)　不应有转弯浮标；

　　(4)　起点和终点指示浮标距离出发线不少于50米；

　　(5)　分组机制应确保选手最多不超过6轮比赛即可进入决赛；

　　(6)　不应该设计需要选手奔跑的赛段。

15.05　亚洲桨板运动联盟滩头赛道：

　　(1)　出发线前方长度为1.5公里正方形水域；

　　(2)　如果和一个专业的淘汰赛共用场地举办，比赛水域边长应大于3公里，
　　　　　小于8公里；

　　(3)　如果举办单一赛事，赛道长度至少5公里，但不超过10公里；

　　(4)　单一组别参赛人数超过100时，必须设置淘汰机制；

　　(5)　参赛人数低于40人时，第一个转弯浮标距离出发线不小于100米；

　　(6)　参赛人数超过40人时，每增加10人，第一转弯浮标距离出发线增加10米；

　　(7)　最后一个转弯浮标的位置距离终点线不小于100米；

　　(8)　每圈长度不超过100米时，不要设置奔跑赛段。

15.06　亚洲桨板运动联盟5K赛道：

　　(1)　赛道长度为5公里；

　　(2)　转弯浮标不超过8个；

　　(3)　参赛人数不超过40人时，第一个转弯浮标距离出发线至少100米；

　　(4)　参赛人数超过40人时，每增加10人，第一转弯浮标距离出发线增加10米；

　　(5)　最后一个转弯浮标的位置距离终点线不小于100米；

　　(6)　不要设置奔跑赛段。

15.07　亚洲桨板运动联盟10K中距离赛道：

　　(1)　赛道长度为10公里；

　　(2)　转弯浮标不超过8个；

　　(3)　参赛人数不超过40人时，第一个转弯浮标距离出发线至少100米；

　　(4)　参赛人数超过40人时，每增加10人，第一转弯浮标距离出发线增加10米；

(5)　最后一个转弯浮标的位置距离终点线不小于100米；

(6)　不要设置奔跑赛段，除非赛道设计中有人工搬运器材的部分。

15.08　亚洲桨板运动联盟16K职业距离赛道：

(1)　赛道长度为16公里；

(2)　转弯浮标不得多于12个；

(3)　参赛人数不超过40人时，第一个转弯浮标距离出发线至少100米；

(4)　参赛人数超过40人时，每增加10人，第一转弯浮标距离出发线增加10米；

(5)　人工搬运器材的长度不得大于500米；

(6)　不要设置奔跑赛段，除非赛道设计中有人工搬运器材的部分。

15.09　亚洲桨板运动联盟52K超长距离赛道的长度为52公里。

15.10　亚洲桨板运动联盟顺风赛道：与风速19公里/小时以上的风之风向夹角小于20°的赛道。

15.11　亚洲桨板运动联盟绕门赛：

(1)　允许选手自行选择绕行哪个门；

(2)　两个浮标相距10米以内以形成门；

(3)　赛道长度不应超过亚洲桨板运动联盟冲刺赛赛道长度；

(4)　选手应听从赛事总监的指导，从左或从右的绕门划行；

(5)　选手以错误的方式绕门划行将被取消比赛资格。

(6)　应该遵守亚洲桨板运动联盟冲刺赛赛事规则。

15.12　亚洲桨板运动联盟无限制赛道：这是一种经过亚洲桨板运动联盟批准，不属于第15节中任何类别的赛道。

第16节　浮标

16.01　浮标是亚洲桨板运动联盟要求比赛选手必须从指定一侧划过的漂浮物；

16.02　浮标须以某种方式固定，任意方向的移动距离不超过1米；

16.03　只有充气浮标或固定标志才能用于赛事浮标；

16.04　绝不可用的赛道上的船只作为浮标，除非是在静水中下锚的船只；

16.05　将按照第15节中数量和距离要求安放浮标；

16.06　赛前会议开始前，所有浮标均需到位安放完毕；

16.07　浮标周边不应有任何向外飘荡的绳索或障碍物。

第三章　竞赛规则

第17节　赛事出发

17.01　应由第七款所述的发令官和司线员执行。

17.02　赛事委员会负责出发事宜的调整和批准。

17.03　参赛人数超过60人时，应按性别和板级分组独立出发。

17.04　如果赛事有现金奖励，必须按性别和板级分组独立出发。

17.05　冲刺赛必须按性别和板级分组独立出发。

17.06　应使用发令号或发令枪。

17.07　尽可能在出发线中部发令。

17.08　应为赛事出发提供安全可控的方法。

17.09　在出发线上，应避免任何由于风向、水流、浪或其它外部因素造成某些出发者比其他选手具有出发优势的情形。

17.10　应根据公布的比赛时间和流程发令出发。

17.11　应在公布的出发时间5分钟内出发。

17.12　应于出发时间前1分钟到10分钟之内将选手引领到出发线。

17.13　当出发队伍做好准备后，没有听从发令官或司线员指令的选手或超越出发线的选手都将被判罚违规。

17.14　如遇特殊情况，出发机制可做出相应调整，但必须获得亚洲桨板运动联盟认证官员的批准。

17.15　出发序列应遵守以下顺序：

　　　　无限制男子组

　　　　职业男子组

　　　　无限制女子组

　　　　职业女子组

　　　　公开赛男子组

　　　　公开赛女子组

17.16　组间出发间隔介于3-10分钟之间。

17.17　滩头出发：

　　　　(1)　出发线应平行于海滩；

　　　　(2)　出发线距离最高水线的距离应介于1-5米；

(3) 出发线两端都应有旗帜进行标识；

(4) 每名出发选手都应至少拥有一米出发线（100名选手出发，就要有100米长的出发线）；

(5) 出发线两端的旗帜间应拉一根黑色绳子，在沙滩上形成一根实体的出发线；

(6) 如果没有绳子，那每隔5米要有一面旗子形成出发线；

(7) 发令前60秒前，发令官应对选手发出口令：运动员上线或吹短促口哨招呼选手就位；

(8) 出发选手的脚可以压线，但不可完全踩线；

(9) 如果是用旗子队列作为出发线，出发选手的身体必须与旗子对齐；

(10) 身体位于出发旗子之前的选手都将被赛事委员会判罚为违规；

(11) 完全踩线的选手将被边裁判罚违规；

(12) 司线员可以记录下违规选手的名字或号码，尽可能及早通知他们已经违规；

(13) 一旦司线员确认选手们的出发位置已经公平，发令官即可用一声长号发令出发；

(14) 海滩出发的一些不安全因素包括速度超过56公里/小时的大风，以及自然或为障碍物等等；如果存在这些不安全因素，可参照17.18条进行出发。

17.18 水上出发

(1) 出发线要与第一个转弯浮标的方向垂直；

(2) 出发线两边要由直径不超过一米的浮标标示出来；

(3) 出发线浮标应该由锚链固定；

(4) 出发浮标在任意方向的移动距离不应超过1米；

(5) 出发线应为每位选手提供一米的出发宽度；

(6) 在正式出发前的5秒-30秒前，发令官应对选手发出口令：运动员上线或吹短口哨招呼出发选手就位；

(7) 出发选手应在被召唤就位前尽量不要进入距离出发线一米之内的区域；

(8) 发令号吹响之前，身体已经超过出发浮标的选手将被判罚违规；

(9) 如遇大风或水面浪大，选手们会被要求在出发线之后坐在板上等待；

(10) 一旦选手被召唤到出发线，出发令会在接下来的5秒内发出；

(11) 如果发令官或司线员对已经被召唤到出发线的选手出发队形不满意，可以叫停出发，梳理出发队形后重新出发。

(12) 为更精确地控制运动员们的出发，还可以建立一条预出发线。该线与正式出发线平行,位于其后4米。正式出发一分钟前,参赛选手会被一声短促哨声召唤到预出发线上。预出发线的管理规则与出发线一样。发令官会用"运动员上线"或一声短哨音招呼运动员前往正式出发线。正式出发应该在接下来的10秒内的一声长哨音开始。

17.19　顺风出发:

17.20　当周围地理环境和气候条件与滩头出发或水上出发相近时,可采用与它们同样的出发管理规则。

17.21　如果是在公开海域的出发,那水上出发规则可做如下调整:

（1）在出发线的上风处应该有预出发线,出发线可以用船或浮标形成。两线间距应在20米-50米之间。

（2）发令官应在正式出发前的2-10分钟内招呼运动员上到预出发线。

（3）预出发线的管理规则与出发线一样。

（4）发令官应用2声号响并抬起令旗招呼运动员上到预出发线。

（5）比赛正式出发将在接下来15秒内的一声长号声和发令旗落下后开始。

（6）运动员在正式出发前,如果身体位于出发线之前会被给予2分钟的罚时。

17.22　冲刺赛出发:

17.23　冲刺赛也应该遵守第17节里所要求的出发规则。

17.24　小组出发时未能及时到达出发线上的选手将被判违规。

17.25　发令官不会等待任何拖拖拉拉的选手,就会发令出发。

17.26　如果比赛当天各种原因导致需要改变出发方式,这些出发方式的改变需要获得亚洲桨板运动联盟批准。

17.27　违规的出发:

17.28　当发令官发出"运动员上线"的口令时,有选手已经在出发线上,则该选手被判违规。

17.29　被判第二次出发违规的选手将被取消参赛资格。

17.30　出发选手只能对出发号声做出反应,不要试图对出发时刻进行预测猜时。

17.31　被发令官招呼到出发线上的选手在出发信号发出前不允许做任何划桨动作。

17.32　在亚洲桨板运动联盟的长距离赛事中,出发违规的选手予以2分钟罚时。发令号响前抢跑出发2秒以上者取消比赛资格。

17.34　无效出发:

17.35　如果选手不是由于生病或受伤的原因,导致其未能在分配的组别出发,竟会被取消当天所有项目的参赛资格。

17.36 参赛选手由于迟到而未能赶上自己的组别出发者，将被取消参赛资格，不允许继续参加比赛。

17.37 重赛：

17.38 如遇不可抗拒因素，发令官可以用两声长号召回选手重新出发。一旦所有选手都回到出发线后，发令官会开始组织新的出发顺序。

第18节　冲线

18.01 终点设在水上时，选手的板头过线即算冲线；终点设在海滩时，选手身体最靠前的部分过线，即算冲线。

18.02 水面冲线时，选手必须手握划桨在板上停留3秒钟，以形成完整的冲线。

18.03 陆地冲线时，选手手中必须握有划桨，并以可控方式过线，方可被认定为冲刺成功。

18.04 手中没有划桨或以不稳定方式冲线的选手将被要求重新冲刺，否则，没有官方认可的名次和完赛时间。

18.05 当选手有任何冲刺违规行为时，终点裁判都应及时通知违规选手。

18.06 选手过线后应立即离开冲刺区域。

18.07 赛事总监有责任安排人员将终点区域的板尽快清走。

18.08 所有亚洲桨板运动联盟批准的奖金总额超过10000元人民币的赛事里，每个组别的前10名应有冲刺视频记录。

18.09 所有亚洲桨板运动联盟批准的冲刺赛事里，小组赛及决赛都应有冲刺视频记录。

第19节　尾随

19.01 无论是板级分组赛还是性别分组赛，都不允许有尾随行为。

19.02 距离前方板尾或板侧不足一米，或尾随赛道上任何船只划行10秒以上的选手都被视为尾随违规。

19.03 如果有男女混合出发的安排，异性组别须间隔200米出发以避免彼此的尾随划行。

19.04 如果受赛道边界限制，选手无法脱离尾随区域，那该区域内选手的划行可以不被视为尾随违规。

19.05 当赛道边界条件允许时，选手们应尽快离开尾随区域。自然赛道边界举例：岩石、隧道、水中沉浸物、桥梁和大船等等。

19.06 尾随赛道上非本组别或性别组所用船只划行的选手将被取消比赛资格。

第20节　赛道划桨规则

20.01 选手触碰转弯浮标通常不算违规。 如果赛道裁判认为选手通过触碰浮标获得比赛势，则需判罚违规。例如用手或桨移动浮标等行为。

20.02 绕标或绕门方向错误的选手将被判罚取消比赛资格。

20.03 如果选手能完成所有必需抵达的标志，也没有妨碍其它选手，其偏离赛道是可以接受的。

20.04 如果赛事总监没有明确解释哪些桥梁、船坞、码头、或其它地标需要穿越，选手们都不要去穿越。

20.05 在专业组的赛事中， 非站姿连续划行5桨以上的选手将被取消比赛资格。

20.06 桨板只能用人力和单叶桨划行推动。

20.07 划桨不能以任何方式与板固定。

第21节　赛后事宜

21.01 完赛后的选手应该立即离开赛道和终点区域，避免妨碍其他选手。

21.02 被赛事委员会挑中进合规检查的板必需立即运送给赛后板体控制处。使用该板的选手在检查报告出来之前不可离开板控官的视线范围。

第22节　取消比赛资格

22.01 任何试图以不正当方法赢得比赛或不遵从比赛规则的选手,都有可能被取消比赛资格。

22.02 任何选手如果对赛事官员、其他选手、赞助商或观众行为举止过激都有可能被取消比赛资格。

22.03 比赛中，选手不可接受其他选手或非选手的帮助。对外提供帮助的选手也可以被取消比赛资格。

22.04 任何选手，无论在赛前、赛中还是赛后，如果他的举止行为不符合体育精神，都有可能被取消比赛资格。

22.05 不符合体育精神的行为包括：

　　　(1)　使用身体、桨或板对他人造成过度身体伤害；

　　　(2)　使用自己的身体、桨或板阻碍其他选手前进、转弯、尾随、出发或冲刺；

　　　(3)　对出发区域大声叫喊，制造出发违规；

　　　(4)　故意妨碍其他选手划行、转弯、下板、出发、冲刺或奔跑。

22.06　赛事副总监应立即尽可能早地通知被判罚取消比赛资格的选手。　取消比赛资格的通知应该是书面形式,其内容应包括取消资格的原因。　被取消资格的选手应签收取消资格通知书,并注明接到通知书的日期与时间。申诉被取消资格的时间自签收取消资格通知书的时间开始计算。

第23节　申诉

23.01　申诉只能由赛事中受质疑的选手发起。

23.02　提出申诉的时效为赛后或选手接到取消资格通知书后的20分钟内。

23.03　申诉对象可以是其他选手或发出取消该选手比赛资格的赛事官员。

23.04　申诉者须向赛事委员会缴纳申诉费50元人民币。申诉被判有效后,　该费用退还给申诉者。

23.05　当申诉中受质疑的对象是其他运动员或赛事官员,所有当事方都应知晓申诉内容。

23.06　所有申诉都需有第三方目击证明或视频与照片证据,以便最终裁决申诉有效或无效。

23.07　赛事委员会将依据第一手证据,包括视频或照片证据进行公正客观的裁决。

第24节　选手级别

24.01　亚洲桨板运动联盟职业选手指在有奖金的亚洲桨板运动联盟赛事中取得过前10名的选手。所有选手可以注册参加职业组赛事,但要取得亚洲桨板运动联盟正式职业选手资格,需要在亚洲桨板运动联盟职业赛事中取得前10名。

24.02　亚洲桨板运动联盟职业组是将获得颁发奖金的组别。其它组别不可接受奖金。如果一个赛事不设立奖金,赛事委员可以把那些有潜力的选手编为亚洲桨板运动联职业选手组。

24.03　亚洲桨板运动联盟职业选手组的选手在赛事的所有项目中均须使用同一板级的板。

24.04　亚洲桨板运动联盟年龄组选手是指参加亚洲桨板运动联盟赛事的年龄组选手。所有不在亚洲桨板运动联盟职业选手组的其他选手都属于亚洲桨板运动联盟年龄组。

24.05　每个组别至少有3名选手。

24.05　2018年亚洲桨板运动联盟拟引入少儿板级,适合13岁（包含13岁）以下少儿竞赛。

24.07　亚洲桨板运动联盟年龄组别的划分规则,请参考附件A。

附件A

年龄组别划分

少年组	11-17（岁）
年龄组	18-29（岁）
年龄组	30-39（岁）
年龄组	40-49（岁）
年龄组	50-59（岁）
年龄组	60+ （岁）

附件B

奖金分配方案

名次	奖金比例	名次	奖金比例	名次	奖金比例
1	50%	1	45%	1	35%
2	35%	2	25%	2	20%
3	15%	3	15%	3	12%
		4	10%	4	10%
		5	5%	5	8%
				6	5%
				7	4%
				8	3%
				9	2%
				10	1%

附件B

奖金分配方案

附件C

常见问题问答

问：国际上的桨板比赛通常用什么尺寸的板？

答：国际上的桨板赛事通常使用两种规格的板，一种是长度为12英尺6英寸（381厘米）的板；一种是长度为14英尺（427厘米）的板。如果是非严肃赛事，也会有长度尺寸五花八门的板。

问：桨板比赛用板是什么材质的？硬板还是充气板？

答：各种比赛基本只对板的长度进行约定，板的材质不做硬性规定。

　根据中国桨板运动发展的现实环境和定位（大众型运动）以及赛事公平起见，亚洲桨板运动联盟建议各赛事的每个项目中，板的材质要统一。我们推荐大家都使用充气板，这是桨板运动得以迅速发展普及的重要因素，非常适合中国国情。

问：如何评估参赛者的划行能力？

答：我们大致可以对参赛选手的能力分三个级别：

1-短距离赛（3-5公里）选手：很少参加比赛，桨板初学者，对参与高水平的比赛兴趣不大，以往参加过的比赛中也没进入过前10名之列。

2-长距离赛（8公里以上）选手：经常参加比赛，有意愿与高手竞技过招和学习。能适应各种水面状况，诸如波浪、水流，甚至是公开海域。

3-精英选手：他们能证明自己以前参加过长距离比赛；短距离比赛曾进入过前3名；长距离比赛经常进入前10名。

问：如何规划进行哪些距离的比赛？需要考虑哪些主要因素？

答：赛道通常分为短距离和长距离两大类。

　短距离赛道通常控制在3-6公里；长距离赛道控制在不低于6公里。

　每一个项目均需综合考虑赛道长度、水流、浮标数量、风力风向、波浪大小、水面交通状况与参赛选手身体素质及划行能力之间的匹配关系。

问：长距离赛道与所使用桨板的板级之间有什么关系？

答：12英尺6英寸板适合6-10公里长的赛道。

14英尺适合10-15公里长的赛道。

问：赛道形状通常如何部署？

答：通常可以根据长度规划两种类型的赛道：

1-直线往返（顶风或逆风）

2-赛道呈三角形，距离长可通过增加圈数来实现。

参考文献：

[1]Marina Andriola.https://standupjournal.com/the-history-of-stand-up-paddle-boarding/[CP].

[2]supfit.co.uk@instagram.https://www.instagram.com/p/BUyYvAtBLAS/[CP].

[3]矫林江.瑜伽体位法全图典[M].南京：江苏科学技术出版社，2014年.

[4]Stand Up Paddle Atheletes Association.SUPPAA RULE BOOK 2014[CP].

参考文献：

后　记

　　在本书定稿之际，法国巴黎举办了全球规模最大的桨板赛事：Paris Crossing（穿越巴黎），700名桨板爱好者在塞纳河上划着桨板穿过历史悠久的古桥，在晨曦中从举世闻名的埃菲尔铁塔身旁轻柔掠过。这是该赛事创办以来的第八届，参加人数逐年猛增，参赛名额供不应求！

　　桨板运动在全球的发展态势从星火燎原到如日中天，时间很短。这其中的奥秘在哪里？给我们带来哪些思考呢？

　　中国历史上的明太祖曾号令天下"寸板不许下海"，并被其后各代奉为"祖训"；清朝不但继承了前朝的禁海政策，更是颁布了《迁海令》。而彼时正值世界贸易迅猛发展时期，禁海令严重隔阻了中外之间的商品、文化交流以及国内工商业的正常发展，严重破坏了沿海经济，造成了民众长期生活在一种闭目塞听、孤陋寡闻的状态之中，为近代中国贫穷落后埋下了悲惨的祸根，其教训不可谓不深！

　　"尺板不得下海，片帆不得入口"的愚民锁国政策早已灰飞烟灭。现代中国正在习近平总书记领导下走在开放包容、远离封闭、顺应时代潮流、顺应人民期待，建设山青水秀、清洁美丽世界的道路上。

　　桨板运动绿色环保、强身健体、修身怡情、老少咸宜，江河湖海纵横，乐趣无穷，已经是全人类的共识。桨板运动对环境非但无损，反而促使人类更加珍惜呵护大自然。谁不愿意在洁净的水上嬉戏娱乐健身？水上运动能够培养人们保护水资源的自觉意识，发自人们内心的自律远比那些用各种藩篱将人们与江河湖海彻底隔离的做法更有效，更深入人心，更能够让敬畏自然、热爱自然的传统代代相传。

　　1966年7月16日，73岁高龄的毛泽东主席畅游长江时曾说："游泳是同大自然做斗争的一种运动，你们应该到大江大海去锻炼。"我们有理由相信，如果伟人在世，他一定会划着桨板在大江大海上劈波斩浪！

　　这里我要借用毛泽东主席年轻时在湘江游泳时常常自勉的诗句，分享给所有桨板爱好者：自信人生二百年，会当水击三千里！

王　剑

2017年12月6日于北京